W0066540

Ilse Aichinger
zu keiner Stunde
Szenen und Dialoge
S. Fischer

© 1980 S. Fischer Verlag GmbH, Frankfurt am Main
»Französische Botschaft«, »zu keiner Stunde«, »Möwen«, »Flüchtiger Gast«,
»Mit der Stimme der Alten«, »Belvedere«, »Auf verlorenem Posten«,
»Algebra«, »Erstes Semester«, »Schweres Wasser«, »Die Auktion«,
»Guter See«, »Wiederkehr«, »Im jungen Grün«, »Sonntagsdienst«,
»Tauben und Wölfe«, »Hohe Warte«, »Das neue Lied« aus: *zu keiner Stunde*,
© 1957 S. Fischer Verlag, Frankfurt am Main;
»Nicht vor Mailand«, »Weiße Chrysanthemen« aus: *Wo ich wohne*,
© 1954, 1957, 1961, 1963 S. Fischer Verlag, Frankfurt am Main
Gestaltung: Otl Aicher, Rois
Satz und Druck: Poeschel & Schulz-Schomburgk, Eschwege
Einband: G. Lachenmaier, Reutlingen
Printed in Germany 1980
ISBN 3 10 0005 10 4

zu keiner Stunde

Französische Botschaft

POLIZIST AN DER BOTSCHAFT	Wieder mit den Hunden spazieren?
DAS DIENSTMÄDCHEN VON GEGENÜBER	Ja.
POLIZIST	Schöner Tage heute!
MÄDCHEN	O ja.
POLIZIST	Oder vielleicht nicht?
MÄDCHEN	Ein sehr schöner Tag.
POLIZIST	Die Windhunde von der Gnädigen nehmen sich dann gleich besser aus: gegen den blauen Himmel.
MÄDCHEN	Freilich.
POLIZIST	Das schöne weiße Fell!
MÄDCHEN	Komm, Josias!
POLIZIST	Josias?
MÄDCHEN	Ein Phantasiename.
POLIZIST	Und der andere?
MÄDCHEN	Rosendorn.
POLIZIST	Josias und Rosendorn.
MÄDCHEN	Alles Phantasie.
POLIZIST	Das ist auch viel wert.
MÄDCHEN	Ja.
POLIZIST	Aber ein so schöner Tag heute!
MÄDCHEN	Die Gnädige ist ausgefahren. Kommissionen.
POLIZIST	Und der Herr?
MÄDCHEN	Ist im Amt. Mir tun die Kinder leid, die in der Schul sitzen müssen.
POLIZIST	Mir nicht.
MÄDCHEN	Die Stadt ist heut so still, als wär gar niemand drin.
POLIZIST	Das tät auch gut.

MÄDCHEN	Als wär man ganz allein.
POLIZIST	Stört Sies?
MÄDCHEN	Die Jahreszeit –
POLIZIST	Keine Wolke am Himmel.
MÄDCHEN	Es wird bald zum Eislaufen für die Kinder.
POLIZIST	Als blieb der Vormittag stehen!
MÄDCHEN	Der bleibt nicht.
POLIZIST	Die alten Propheten hätten sichs auch nicht träumen lassen, daß sie aus Stein in die Kirchsäulen gehauen werden, mitten im Reden.
MÄDCHEN	Komm, Josias!
POLIZIST	Wohin?
MÄDCHEN	Der Jüngste von den Herrschaften hat ein Dreirad, mit dem fährt er im Park um den Brunnen.
POLIZIST	So.
MÄDCHEN	Den hol ich jetzt.
POLIZIST	Ich möcht mir die Eile für was Besseres sparen.
MÄDCHEN	Wüßt nicht, wofür.
POLIZIST	Ich wüßts.
MÄDCHEN	Freilich.
POLIZIST	Die alten Propheten –
MÄDCHEN	Die sollen mich in Ruh lassen!
POLIZIST	Ich wollt auch was anderes sagen.
MÄDCHEN	Was?
POLIZIST	Sie und ich –
MÄDCHEN	Sonst nichts?
POLIZIST	Der blaue Himmel –

8

MÄDCHEN	Komm, Rosendorn!
POLIZIST	Der Tag, die Hunde, das Eck hier an der Botschaft –
MÄDCHEN	O je!
POLIZIST	Die Tauben!
MÄDCHEN	Ich weiß nicht, was die bedeuten.
POLIZIST	Marie!
MÄDCHEN	Und was Sie reden.
POLIZIST	Mir ist der Kirchbaumeister heut nacht im Traum erschienen.
MÄDCHEN	Die Träum von andern Leuten –
POLIZIST	Unten an der linken Säule wär noch ein Platz frei!
MÄDCHEN	*unsicher* Ich muß den Kleinen holen, die Gnädige –
POLIZIST	Und wie ich Sie heut früh über die Straßen hab gehen sehen, Marie – da ist mir der Gedanke gekommen, Sie und ich und die Hunde –
MÄDCHEN	Wir gehen jetzt!
POLIZIST	Und die Botschaft dahinter. Wir kämen gut ins Bild. Marie!
MÄDCHEN	So heiß ich nicht!
POLIZIST	Dem Kirchbaumeister wär geholfen. Und uns auch! Der letzte freie Platz, der Himmel ohne Wolken!
MÄDCHEN	Ich möcht nicht.
POLIZIST	Kein Mittag mehr, Marie, kein Abend, keine Nacht; nein, nur der Vormittag und immer elf vorbei und Sie und ich. Die Hunde –

MÄDCHEN	*erschrocken* Josias, Rosendorn!
POLIZIST	Es wär ein linder Vormittag, um drin zu bleiben!
MÄDCHEN	Da wär mir keiner lind genug.
POLIZIST	Die Sonne!
MÄDCHEN	*schaut auf den Himmel* Jetzt kommt bald Wind auf.
POLIZIST	Der bringt den Schnee. Sie gehen dann mit dem Kleinen, der nicht der Ihre ist, im Kalten spazieren.
MÄDCHEN	Das kann schon sein.
POLIZIST	Ein Wort, Marie, und nichts –
MÄDCHEN	*schüttelt den Kopf.*
POLIZIST	Wir bleiben dann für immer zusammen! Das Wort!
MÄDCHEN	*beharrlich auf den Himmel schauend* Ich seh schon Wolken.
POLIZIST	Bevor sie über uns sind!
MÄDCHEN	*zu den erstarrenden Hunden* Wir gehen jetzt.
POLIZIST	Marie!
MÄDCHEN	Ich will auf keine Säulen.
DER KLEINE IM PARK	Du hast kalte Hände, Marie!
MÄDCHEN	Es wird bald zum Eislaufen Zeit.

Der Prophet Elias fährt in einem roten Wagen am Himmel über ihnen vorbei.

zu keiner Stunde

STUDENT	*betritt den Dachboden, schließt hinter sich ab und geht auf den Bücherkorb hinter dem Holzpfeiler zu. Er beugt sich darüber und beginnt zu suchen.*
ZWERG	Immer fleißig?
STUDENT	*zerstreut* Ja. *Bemerkt erst jetzt den Zwerg, der in einer grünen hohen Mütze auf der Kiste steht und durch die Luke halb über die Stadt schaut* Was suchen Sie hier?
ZWERG	Nichts. Ich schaue über die Stadt. Zur grünen Kuppel des Schlosses hinüber. *Deutet auf seine Mütze* Ich ziehe Vergleiche zwischen grün und grün. Das nimmt kein Ende. Umsomehr als diese Gegend auch noch von Gärten überzogen ist.
STUDENT	*über seinen Korb gebeugt, antwortet nicht.*
ZWERG	Immer zwischen drei und vier. Das gibt meinen Tagen Rhythmus. Das bringt mich zur Überzeugung, daß ich immer hier stehe. Und Sie?
STUDENT	Ich suche Skripten.
ZWERG	Auch immer zwischen drei und vier?
STUDENT	Wann ich sie brauche.
ZWERG	Und wann brauchen Sie sie?
STUDENT	Wenn ich sie unten nicht finde. Ich studiere Schiffsbau.
ZWERG	Um welche Zeit?
STUDENT	Immer.
ZWERG	Zu keiner Stunde?

STUDENT	Zu allen.
ZWERG	Schade. Wir träfen uns sonst öfter hier heroben.
STUDENT	Da käme ich nicht weit.
ZWERG	Wie weit wollen Sie kommen?
STUDENT	So weit als möglich. Auf ein Schiff –
ZWERG	Ich sehe hier öfter welche auf dem Fluß vorbeigleiten, wenn ich das Grün der Auen mit dem meiner Mütze vergleiche – ich könnte Sie empfehlen.
STUDENT	Ich muß erst fertig werden. Ich will auch weiter.
ZWERG	Ich vergleiche auch das Grün des Horizonts mit dem meiner Mütze. Ich hätte auch da Verbindungen.
STUDENT	Ich muß erst –
ZWERG	Sie haben heute eine Prüfung bestanden.
STUDENT	Ja. Woher wissen Sies?
ZWERG	Als ich das Grün der Patina, mit dem das Dach der Technik sich immer mehr zu überziehen beginnt, mit dem meiner Mütze verglich, bekamen Sie gerade Ihre Auszeichnung.
STUDENT	Es war die vorletzte Prüfung. Erst nach der letzten –
ZWERG	Wenn Sie sich dann an mich wenden wollen.
STUDENT	Ich habe schon verschiedene Aussichten.
ZWERG	Ich empfehle Sie gerne.
STUDENT	Zuerst fahre ich in meine Heimat. Dort werde ich heiraten. Und dann –

ZWERG	Ich bin immer zwischen drei und vier Uhr hier!
STUDENT	Ich habe Aussichten in Deutschland und Amerika. Die Frage ist nur –
ZWERG	Immer zwischen drei und vier.
STUDENT	Die Frage ist –
ZWERG	Und ich kann mich für Sie verwenden, wo immer es Schattierungen von Grün gibt. Die sind auf Schiffen auch nicht selten.
STUDENT	Auf neuen wohl.
ZWERG	Die See hat viel davon.
STUDENT	Ich werde nicht an der See bauen, sondern an Booten.
ZWERG	Die Flüsse!
STUDENT	Flußschiffe kommen nicht in Frage.
ZWERG	Ich möchte gerne alle meine Verbindungen zu Grün für Sie spielen lassen!
STUDENT	*richtet sich auf und streift sein Haar zurück* Hier ist mein Skriptum.
ZWERG	Sie haben keine Ahnung, wieviel es davon auf der Welt gibt, nicht nur das Grün der Dächer und der Gärten, auch das des Tangs, der Algen, des Meeresgrundes, ablesbar in Vergleichen –
STUDENT	Ich muß jetzt gehen!
ZWERG	Ich könnte es Ihnen beweisen, nur an meiner Mütze, an dem Turm der polnischen Kirche, an diesem Zwiebelturm – oder an dem Grün der Wipfel um das Waffenarsenal –
STUDENT	*im Gehen* Leider –

ZWERG	Wenn Sie nur hie und da zu mir herauf- kämen –
STUDENT	Es ist mein letztes Semester.
ZWERG	Nur zwischen drei und vier –
STUDENT	Da habe ich meine Vorlesungen oder Laboratoriumsübungen. Und wenn ich frei habe, so muß ich mich zur letzten Prüfung vorbereiten und meinen Schiffsquerschnitt zu Ende zeichnen.
ZWERG	Oder am letzten Tag, am Tag nach Ihrer letzten Prüfung! Zwischen drei und vier.
STUDENT	Da packe ich meine Koffer.
ZWERG	Es wird ein dunstiger Tag sein, die Augen grau, die Zwiebel gelb, die Dächer schwarz. Sie haben überall Auszeich- nung.
STUDENT	Gott soll es geben!
ZWERG	Von Ihren Freunden haben Sie schon Abschied genommen.
STUDENT	Dann fahre ich zur Bahn!
ZWERG	Es bleibt noch eine Stunde, eine gute Stunde. Sie erinnern sich, daß hier oben noch ein Korb mit Büchern steht. Viel- leicht, daß Sie das eine oder andere noch brauchen könnten? Sie öffnen die Boden- türe. Sie gehen zum Bücherkorb, Sie beugen sich darüber und suchen, nein, Sie brauchen kein Buch mehr, alles liegt weit zurück. Sie richten sich auf –
STUDENT	*ungeduldig, mit dem Skriptum in der* *Hand* Und?

ZWERG	Sie sehen zur Dachluke herüber – Sie seufzen –
STUDENT	*in der offenen Tür* Seufzen werde ich nicht!
ZWERG	Ich versichere Sie! Sie seufzen. Und dann –
STUDENT	Ich gehe jetzt!
ZWERG	Dann empfehle ich Sie an das Grün der See.
	Die Bodentür schlägt zu.
ZWERG	*kichert und schaut weiter durch die Dachluke über die Stadt.*

Möwen

DER KOMIKER AUF DER PLATTE	Bald schmeckts ma, bald schmeckts ma net – bald –
1. MÄDCHEN	Enten!
2. MÄDCHEN	Das ist gut! Man erkennt sie.
3. MÄDCHEN	Wenn es nicht Möwen sind.
2. MÄDCHEN	Möwen!
1. MÄDCHEN	Weil du sie nie gehört hast!
2. MÄDCHEN	Da gibt es Flußmöwen, Seemöwen –
1. MÄDCHEN	Dies hier sind Enten.
3. MÄDCHEN	Die Platte habt ihr schon lange.
1. MÄDCHEN	Mein Vater und meine Mutter brachten sie voriges Jahr zu Ostern mit.
2. MÄDCHEN	Karfreitags!
3. MÄDCHEN	Wir waren auch gerade bei dir.
2. MÄDCHEN	Erinnerst du dich?
1. MÄDCHEN	Vielleicht, daß mein Vater und meine Mutter in diesem Jahr wieder eine Platte bringen.
2. MÄDCHEN	Tauben!
1. MÄDCHEN	Und nächstes Jahr wieder.
3. MÄDCHEN	Möwen!
2. MÄDCHEN	Immer eine komische Platte mit Tieren.
3. MÄDCHEN	Wenn du hundert Jahre alt bist, hast du genügend Auswahl. Da kommt dein Vater, denn deine Mutter ist schon tot, dein Vater kommt über den Flur –
	Glocke.
EMILY	*heiser* Ja? *Öffnet die Flurtür.*
VATER	Ich bringe dir noch eine Platte, Emily.
EMILY	Komm herein, Vater!

VATER	Ich glaube, die ist sehr komisch.
EMILY	Das ist lieb von dir.
VATER	Die Möwen, die dir noch fehlten.
EMILY	Die Möwen! Du denkst auch an alles.
VATER	Deine beiden Freundinnen nicht hier?
EMILY	Nein, heute nicht. Die eine starb mit achtzig, Vater –
VATER	Richtig.
EMILY	Und die andere mit neunzig.
VATER	Ja. Ich vergesse das von Jahr zu Jahr.
EMILY	Ist heute Karfreitag?
VATER	Ich dachte es. Man hört den ganzen Tag schon keine Glocken läuten.
EMILY	Dann ist heute Karfreitag.
VATER	Ich habe mich darin noch nie geirrt, Emily.
EMILY	Nein.
VATER	Du mußt zugeben, daß ich dir noch jedes Jahr zu Karfreitag eine Platte brachte.
EMILY	Ja, Vater.
VATER	Es war immer meine größte Freude.
EMILY	Auch die meine, Vater!
VATER	Und es waren immer gelungene Platten!
EMILY	Immer! Das rechne ich dir auch hoch an, Vater!
VATER	Weil es mir Freude machte. Vom ersten Mal an, als ich mit deiner Mutter in der Sonne aus der Stadt nach Hause kam, an den offenen Kirchen und den geschmückten Menschen vorbei, und mich plötzlich der Gedanke durchzuckte: Was bringen wir unserer kleinen Emily mit?

EMILY	Damals waren es die Enten. Damals war ich zwölf.
VATER	Im nächsten Jahr die Tauben.
EMILY	*lacht* Die Tauben!
VATER	Und dann die Hühner.
EMILY	Truthühner und Perlhühner.
VATER	Und Lämmer, Wiedehopfe –
EMILY	Jetzt ist Mutter schon siebenundzwanzig Jahre tot.
VATER	In ihrem Sterbejahr waren es die Stieglitze, sie starb im März und Ostern fiel in den April.
EMILY	Die Stieglitze!
VATER	Das ist auch eine gute Platte.
EMILY	Außergewöhnlich gut.
VATER	Wenn man schon einige besitzt und Sinn für Schattierungen der Stimmen hat, aber ich würde sie niemandem als erste empfehlen.
EMILY	Es ist nicht zu glauben, was die Plattenindustrie in knappen achtundzwanzig Jahren hervorbrachte!
VATER	Das sage ich mir auch: Man kann nicht dankbar genug sein.
EMILY	Nur die Möwen fehlten noch.
VATER	Bis heute, Emily, bis heute! *Er lacht.*
EMILY	Ich habe mirs deshalb bis heute erspart, an die See zu fahren. Ich dachte, einmal bringst du mir auch diese Platte.
VATER	Du warst geduldig, Emily, und deine Geduld wird belohnt!

EMILY	Ich war nicht immer geduldig, Vater. Zwischen siebzig und achtzig –
VATER	Das ging vorbei, Emily.
EMILY	Besonders in dem Jahr, als ich dreiundsiebzig wurde.
VATER	Damals brachte ich dir die Platte mit den Katzen.
EMILY	Ja, die Katzen.
VATER	Du hattest eine leichte Herzschwäche an diesem Tag.
EMILY	Ich verbarg nur mit Mühe meine Enttäuschung.
VATER	Deine Enttäuschung?
EMILY	*eifrig* Nicht, daß es keine wunderbare Platte gewesen wäre, Vater –
VATER	Es war eine ganz besonders gelungene Platte.
EMILY	Ich weiß!
VATER	Wir lachten herzlich! Die Liebesschreie und Kampfrufe –
EMILY	Aber ich hatte damals die erste Herzschwäche, Vater, und ich wußte nicht, wie lange ein Herz im Stande ist, schwach zu bleiben. Ich dachte: Am Ende behält Ursula recht und ich versäume die Möwen.
VATER	Du sagtest kein Wort.
EMILY	Nein, und zuletzt vergaß ich auch alles über dem Kampf zwischen dem Angorakater und der Siamesin. *Sie beginnen beide wieder zu lachen.*

EMILY	*etwas atemlos* Selbst Ursula und Daisy vergaßen es.
VATER	*auch atemlos* Ja.
EMILY	Und dann noch einmal in meinem sieben-undsiebzigsten Jahr: da quälte mich die Frage: Soll ich nun eine Seereise machen oder nicht? Ich hätte damals eine billige Möglichkeit gehabt, aber ich tat es nicht, ich vertraute dir, Vater! Ursula und Daisy fuhren in diesem Jahr. Sie kamen begeistert zurück.
VATER	Bald darauf starben sie.
EMILY	Ich nicht.
VATER	Du hast recht getan, Emily.
EMILY	Aber wie hast du es nur fertiggebracht, Vater? Gerade in meinem hundertsten Jahr, an meinem hundertsten Geburtstag, der zugleich ein Karfreitag ist –
VATER	*nur mit Mühe seinen Stolz verbergend* Gar nichts. Der junge Mann hatte einfach die Platte.
EMILY	Er hatte sie einfach!
VATER	Gestern bekommen!
EMILY	Was sagte er, als du zur Tür hereinkamst?
VATER	Nichts weiter. Ich fragte: ›Haben Sie die Platte mit den Möwen?‹ Und er sagte ›Ja‹ und gab sie mir.
EMILY	Als hättest du nicht siebenundachtzig Jahre darauf gewartet! Als wären Ursula und Daisy nicht darüber gestorben!
VATER	Nein, das berührten wir gar nicht.

EMILY	*mit erhobenem Finger* Ihr Spitzbuben!
VATER	Nachher mußte ich mich allerdings erst eine Weile auf eine Bank im Park setzen und die Platte auf meinen Knien in der Sonne drehen, um daran zu glauben.
EMILY	Ich erwachte heute auch besonders frisch. Ich hörte die Glocken nicht läuten und da wußte ich: heute ist Karfreitag, der Tag, an dem Vater mir die komische Platte bringt! Ich rollte mich in meinem Stuhl ans Fenster und sah die Scheiben der Galerien gegenüber in der Sonne blitzen. Da wuchs mein Vertrauen.
VATER	Du zweifeltest dann wieder!
EMILY	*schelmisch* Ich kann karfreitags nie so recht daran glauben, daß Karfreitag ist.
VATER	Aber jetzt, Emily, jetzt glaubst du es doch wieder?
EMILY	Schon als ich dich sah, Vater.
VATER	Und wenn du erst die Möwen hören wirst!
EMILY	Wenn ich die Möwen höre!
VATER	Ich hole den Apparat.
EMILY	Der Schalltrichter liegt daneben.
VATER	*aus dem Nebenzimmer* Ich weiß Bescheid, Emily.
EMILY	Du vergißt es nie.
VATER	*atemlos* Ein herrlicher sonniger Tag heute!
EMILY	*ist eingeschlafen.* *Das Drehen der verrosteten Grammophonkurbel aus dem Nebenzimmer.*

VATER	Und nun!
	Die Nadel kratzt auf der Platte.
VATER	Und nun, Emily!
DIE MÖWEN AUF DER PLATTE	Ihr sollt ihn kreuzigen, kreuzigt ihn, ihr sollt ihn kreuzigen, kreuzigt ihn, ihr sollt –
VATER	Das können nicht die Möwen sein.
	Er setzt die Nadel an einer andern Stelle wieder an.
DIE MÖWEN	Ihn, ihr sollt ihn kreuzigen, kreuzigt –
VATER	Da interessiert mich der Schluß!
	Er setzt die Nadel am Ende der Platte an. Gekicher, das zugleich wie der Wind über der See klingt.
VATER	Jetzt wird es komisch, Emily, hörst du? Jetzt wird es komisch! Das sind die Möwen, Emily!
EMILY	*atmet nicht mehr.*

Flüchtiger Gast

VERS	*als junger Mann verkleidet, klopft an eine Tür.*
MÄDCHEN	*ihm öffnend* Guten Abend!
VERS	Und wie geht es Ihnen? Ich freue mich, daß Sie mich empfangen.
MÄDCHEN	*lebhaft* Ja, ich freue mich auch. Ich wäre fast nicht dazu im Stande gewesen, aber jetzt –
VERS	Jetzt?
MÄDCHEN	Mir ist ein Vers gelungen! Kurz bevor Sie kamen. Ich lag auf dem Bett und starrte zur Decke. Das Zimmer war von Rauch erfüllt, und ich sah die Spatzen vor den Fenstern, ohne sie zu hören. Es war kalt hier, wie es im Frühling in Zimmern kalt sein kann –
VERS	Ich weiß.
MÄDCHEN	Ich zählte die Falten auf meinem Bettüberwurf und war nicht einmal mehr mächtig genug, sie zu vermehren. Aus der Küche hörte ich das Klappern von Geschirr. Eine Mahlzeit wurde gerichtet, die nicht für mich bestimmt war.
VERS	Ja.
MÄDCHEN	Ich war hungrig, konnte mich aber nicht erheben. Weil ich nicht litt, war ich unfähig zu leiden. Alle Schmerzen waren anderswo. Auf den Zahnkliniken, auf den Geburtskliniken, auf den untergehenden Schiffen, da tummelten sie sich, bei mir nicht.

VERS	*mitleidig* Sie Ärmste.
MÄDCHEN	Im Stadtpark fiel vielleicht ein Kind nieder und schlug sich das Knie blutig. Wie weit war es von mir entfernt. In einem Juwelierladen wurde vielleicht ein Dieb ertappt –
VERS	*nickt.*
MÄDCHEN	Wie weit war er von mir. Und selbst die Mädchen, die um ihr eigenes Geld sich Ringe kauften Die – wenn auch keinen Schmerz – so doch ein Ziel hatten, etwas das man ›heute abend‹ nennt –
VERS	Ahnten Sie nicht, daß ich käme?
MÄDCHEN	Nein. Ich ahnte nichts. Und um es ehrlich zu sagen: es hätte alledem auch nichts hinzugefügt.
VERS	Natürlich nicht.
MÄDCHEN	Da mir der Tag doch wie ein ungebeteter Rosenkranz durch die Finger lief.
VERS	Das ist ein hübscher Vergleich.
MÄDCHEN	Da es – wo keine Schmerzen sind – auch keinen Trost gibt, und ich aufrichtig genug war, mir nicht das erste zum letzten zu erfinden, *hastig* da ich keine Hoffnung hatte, diesen wie ein schwaches, zerfetztes Farbband in den Ösen verhakten Tag zu lösen, und einfach dalag –
VERS	Ich frage mich nur, wie Sie im Stande waren –
MÄDCHEN	Wäre der Vers nicht gekommen, ich hätte nicht aufstehen und das Fenster öffnen,

	ich hätte nicht Kaffee aufsetzen, nicht die Decke glatt streifen und Sie nicht einlassen können!
VERS	*enttäuscht* So danke ich ihm, daß ich hier bin.
MÄDCHEN	Ja. Und daß wir heute noch miteinander ausgehen werden! In die Meierei, in den Stadtpark oder –
VERS	Ich muß Sie enttäuschen.
MÄDCHEN	Enttäuschen?
VERS	Ich bin nicht gekommen, um zu bleiben. Ich wollte nur die Grammatik zurückbringen, die Sie mir liehen.
MÄDCHEN	Und heute abend?
VERS	Ich muß mich heute abend auf meine Decke legen und jemanden erwarten, der mich nicht sucht. *Er demaskiert sich, indem er verschwindet.*
MÄDCHEN	*stürzt ans offene Fenster* Bleiben Sie! *Das Geschrei der Spatzen.*

Mit der Stimme
der Alten

FREMDES KIND	*gesellt sich zu dem Kind, das mit seiner Mutter vom Park nach Hause geht* Weshalb gebt ihr kein Fest?
KIND	Ein Fest?
MUTTER	Weil ich Festen abgeneigt bin.
FREMDES KIND	Aber weshalb?
MUTTER	Ich ging in den Wolladen, wo der rote Knäuel vor aller Leute Augen abgespult wurde, und fragte dort die Alte, ob er zu haben sei, um unsern Raum zu schmücken.
FREMDES KIND	Sie sagte nein?
MUTTER	*nickt.*
KIND	*traurig* Sie sagte nein.
FREMDES KIND	Weshalb?
KIND	*mit der Stimme der Alten* Als ich den braunen verkaufte, spannten sie Drähte. Seither drangen die Stimmen der Tänzerinnen nicht mehr zu mir.
MUTTER	So ist es!
KIND	Die süßen Stimmen um die Kaffeezeit. Als ich den blauen verkaufte –
FREMDES KIND	Genug!
KIND	Da legten sie Schlingen. Seither fliegen die Vögel in lockeren Schwärmen am Himmel vorbei!
FREMDES KIND	*schlägt die Hände vor die Augen* Genug!
KIND	Da siehst dus. *Wieder mit der Stimme der Alten* Zerschlissen das Grün an den harten Pappelzweigen, zerrieben das Braun, zerworfen das Blau –

FREMDES KIND	Kann niemand es schlichten?
	Schweigen.
MUTTER	Wir gehen lieber die Flure hinauf und hinab –
KIND	Klipp-Klapp!
MUTTER	Und haben es still im Gesicht.
KIND	Ja, still.
MUTTER	Und den Mittag vor uns.
	Sie bleiben alle einen Augenblick stehen.
FREMDES KIND	*ernst* Die roten Wolken treiben am Himmel über den Fliegernamen, die Schoten liegen im Sand.
MUTTER	Aber wir geben kein Fest.
FREMDES KIND	*wieder im Gehen* Ich wüßte auch eine Verleihanstalt.
MUTTER	Zu weit.
KIND	Wir müssen die Löwen beweinen.
FREMDES KIND	Zehn schwarze Speere, an denen Sonne und Mond sich leicht abspulen ließen!
MUTTER	*schüttelt den Kopf, verzieht den Mund.*
FREMDES KIND	Dahinter das Wassergespreng, und noch weiter –
KIND	Verlock uns nicht!
FREMDES KIND	Am zweiten Sonntag gegen sechs Uhr früh –
KIND	*nachdenklich* Gegen sechs Uhr früh?
FREMDES KIND	Eh noch die Leute mit den weißen Schuhen kommen.
MUTTER	Laß uns in Frieden!
FREMDES KIND	*sieht beide an, lächelt.*
KIND	*schiebt den Fuß vor.*

FREMDES KIND	Die Luft zum Schneiden dünn!
MUTTER	Gib Ruh!
FREMDES KIND	Weshalb gebt ihr kein Fest?
KIND	Es ist nicht nur wegen der Löwen. Es sind auch die Blumen, die nachts die Blätter schließen.
MUTTER	Geh weg! Ich sage dir: laß uns –
FREMDES KIND	In Frieden! *Es ist verschwunden*

Belvedere

DER DIREKTOR DES STÄDTISCHEN ZOOS Guten Morgen!

DER DIREKTOR DER GALERIEN IM OBEREN UND UNTEREN SCHLOSS
Schönen guten Morgen. Mir scheint, daß ich schon flüchtig das Vergnügen hatte?

ZOODIREKTOR Ganz recht. Ich bin auch angemeldet.

GALERIEDIREKTOR Was führt Sie zu mir?

ZOODIREKTOR Ich komme wegen der Stiere.

GALERIEDIREKTOR *nachdenklich* Wegen der Stiere?

ZOODIREKTOR Ja. Es war schon vor Jahren die Rede davon.

GALERIEDIREKTOR Stiere – Stiere –

ZOODIREKTOR Wegen der weißen, ägyptischen, wenn Sie sich gütig erinnern wollen –

GALERIEDIREKTOR Stiere?

ZOODIREKTOR Wegen der rotäugigen!

GALERIEDIREKTOR Ein Gemälde?

ZOODIREKTOR Nein. Stiere.

GALERIEDIREKTOR Es ist mir, als hätte ich davon schon gehört, aber ich weiß nicht, wie ich sie einordnen soll.

ZOODIREKTOR Es war die Rede davon, sie bei Ihnen unterzubringen.

GALERIEDIREKTOR Bei mir?

ZOODIREKTOR Ja.

GALERIEDIREKTOR Hier? *Mit einer Handbewegung gegen das halboffene Fenster und den ansteigenden französischen Garten.*

ZOODIREKTOR Zwischen dem oberen und unteren Schloß, ganz recht.

GALERIEDIREKTOR Wieviele?

ZOODIREKTOR Die ganze Herde, etwa dreihundert Stück.

GALERIEDIREKTOR	Das muß vor meiner Zeit gewesen sein.
ZOODIREKTOR	Es war vor meiner Zeit, aber zu Beginn der Ihren. Sie verhandelten mit meinem Vorgänger.
GALERIEDIREKTOR	*schüttelt den Kopf.*
ZOODIREKTOR	Der Zoo war schon damals zu klein. Inzwischen hat sich die Herde vergrößert.
GALERIEDIREKTOR	Ich erinnere mich beim besten Willen nicht.
ZOODIREKTOR	*dringend* Es scheiterte damals daran, daß man die Herde durch den Klostergarten, der links anschließt, nicht eintreiben konnte, während der Besitzer der Gärten rechts – sie waren damals in privatem Besitz – ebenfalls seine Erlaubnis verweigerte. Inzwischen sind diese Gärten in öffentlichen Besitz übergegangen.
GALERIEDIREKTOR	Vor kurzem.
ZOODIREKTOR	Ja. Und die Gemeinde würde keine Schwierigkeiten machen, dem Zoo zu helfen.
GALERIEDIREKTOR	Das glaube ich selbst.
ZOODIREKTOR	Die Herde kann übrigens mit größter Schonung dieser Gärten hier hereingetrieben werden. Geübte Treiber gibt es genug.
GALERIEDIREKTOR	Und hier?
ZOODIREKTOR	Hier stünde sie Kopf an Kopf. Aber sie hätte Platz, auch heute noch!
GALERIEDIREKTOR	Aber –
ZOODIREKTOR	Wenn man sich nur entschlösse, aus

	einigen der flachen, steinernen Becken das Wasser abzulassen, vielleicht aus allen –
GALERIEDIREKTOR	Aus allen?
ZOODIREKTOR	Und die Tiere hineinzutreiben Ich glaube, daß die Beckenränder nicht zu hoch sind.
GALERIEDIREKTOR	Mir ist die Gangart weißer Stiere nicht gegenwärtig.
ZOODIREKTOR	Sie sind überraschend beweglich. Zugleich von großer Ruhe.
GALERIEDIREKTOR	So.
ZOODIREKTOR	Fürchten Sie deshalb nicht für Ihren Blick! Er wird weiter durch das halboffene Fenster schweifen. Er wird über die weißen Schädel und die weißen Hörner hingehen wie über Morgendunst und Wasserglanz, je nach der Zeit. Sie werden nichts vermissen. Den ganzen Tag nicht!
GALERIEDIREKTOR	Und wenn ich Kies zu sehen wünsche, frischen Rasen?
ZOODIREKTOR	Sie werden es nicht wünschen, wenn Sie den Anblick der weißen Herde haben.
GALERIEDIREKTOR	Es geht auch nicht um meine Wünsche.
ZOODIREKTOR	Es ist freilich Ihre Sorge, die Tiere weiß zu erhalten.
GALERIEDIREKTOR	Meine Sorge sind die Galeriebesucher.
ZOODIREKTOR	Solange die Herde weiß ist –
GALERIEDIREKTOR	Ob die Herde weiß oder schwarz ist: was, frage ich mich, sollen die Leute tun, die von den Gemälden im oberen Schloß zu den Plastiken im unteren wollen; die die Ruhe des Sonntagvormittags, den Kies

	unter den Füßen brauchen, um von einem zum andern hinüberzuwechseln?
ZOODIREKTOR	Sie sollen auf der Straße gehen.
GALERIEDIREKTOR	Es ist ein Umweg. Und ich sagte auch eben –
ZOODIREKTOR	Die Frage ist auch deshalb nicht wichtig, weil das untere Schloß ohnehin nicht den Plastiken vorbehalten bleibt.
GALERIEDIREKTOR	Nicht den Plastiken?
ZOODIREKTOR	Oder doch nur bis zum ersten Regen, bis zum ersten Aufkommen eines feuchten Windes. Solange, bis es nötig ist, die Tiere einzutreiben.
GALERIEDIREKTOR	Einzutreiben?
ZOODIREKTOR	Um die Felle weiß zu erhalten, es ist in Ihrem Sinn. Wenn Sie deshalb beim ersten Regenzeichen, schon bei gewissen Wolkenbildungen bestimmen würden, daß –
GALERIEDIREKTOR	Aber die Plastiken!
ZOODIREKTOR	Die Galerien für Plastik sind, wie Sie besser als ich wissen, in den ehemaligen Stallungen untergebracht. Fast alles, was heute das untere Schloß genannt wird –
GALERIEDIREKTOR	Nicht meine Räume.
ZOODIREKTOR	Ihre Räume würden nicht berührt. Ihre Ruhe muß gewahrt werden. Schon für die Tiere. Es ist wichtig, daß sie Ruhe über sich fühlen. Daß ihre Gelassenheit erwidert wird, aus zwei Fenstern wenigstens. Und wenn die Galerien für

	Plastik nicht genügen sollten, so bleibt immer noch das obere Schloß. Sollte sich die Herde bei Ihnen hier vermehren –
GALERIEDIREKTOR	Ich wußte, daß Sie nichts anderes im Sinn hatten!
ZOODIREKTOR	Ihr Bestes und das Beste der Besucher. Es wäre auch nur im Notfall.
GALERIEDIREKTOR	Der sicher eintritt. Es ist – soviel ich sehe – alles auf diesen Notfall angelegt. Was, frage ich mich, sollen die Tiere hier anderes, als sich vermehren?
ZOODIREKTOR	Scharren, stampfen, in der ihnen gemäßen Umgebung glänzen!
GALERIEDIREKTOR	Meiner geringen Erfahrung nach –
ZOODIREKTOR	Vertrauen Sie mir!
GALERIEDIREKTOR	*mit Bestimmtheit* Es wird ihnen nicht genügen.
ZOODIREKTOR	Es sind weiße Stiere. Und bei hellem Sonnenschein –
GALERIEDIREKTOR	Kaum bei hellem Sonnenschein, und noch weniger beim Aufkommen eines feuchten Windes, bei den ersten unbestimmten Wolkenzeichen!
ZOODIREKTOR	Sie sind rotäugig.
GALERIEDIREKTOR	Was soll das hindern? Und in dieser Gedrängtheit?
ZOODIREKTOR	Das bleibt abzuwarten.
GALERIEDIREKTOR	Für mich, nicht für Sie.
ZOODIREKTOR	Ich bin der festen Überzeugung –
GALERIEDIREKTOR	Wer soll die Tiere füttern?
ZOODIREKTOR	Der Zoo wird gemeinsam mit der Ge-

meinde in der allerersten Zeit einen Teil
der Sorge für die Tiere übernehmen.

GALERIEDIREKTOR Aber die Bewohner der umliegenden
Häuser, die ihre Wohnungen nur wegen
des Blicks über die Gärten gemietet haben?

ZOODIREKTOR Sie werden beim ersten Anblick der
weißen Herde wissen, was sie bisher ver-
mißten. Was ihnen – seit Jahren viel-
leicht schon – die Gärten leer erscheinen
ließ, die frühen Vogelrufe hinterhältig, die
Kieswege ohne Glanz. Sie werden bei
leichter Bewegung der Herde wieder
spüren, was ihnen schon lange verborgen
war, wieder merken, woher der Wind
weht.

GALERIEDIREKTOR Der Mistgeruch –

ZOODIREKTOR Spielt auch mit.

GALERIEDIREKTOR Wer wird den Mist abführen?

ZOODIREKTOR Ich sagte schon, daß in der ersten Zeit der
Zoo die Sorge um die Tiere mittragen
wird. Für später machen Sie sich keine
Sorgen. Wenn erst die Hüter und Treiber
in den umliegenden Straßen wohnen,
kann der Mist auch ruhig –

GALERIEDIREKTOR Die Hüter und Treiber?

ZOODIREKTOR Die von Ihnen bestimmten natürlich.

GALERIEDIREKTOR Von mir?

ZOODIREKTOR Sofern die Inwohner der umliegenden
Straßenzüge bereit und fähig wären, diese
Ämter zu übernehmen, könnten sie auch
darin wohnen bleiben.

34

GALERIEDIREKTOR	Es wird sie trösten.
ZOODIREKTOR	Sicher. Während Sie selbst die Oberauf-sicht –
GALERIEDIREKTOR	Das dachte ich.
ZOODIREKTOR	Sie sind ihnen vertraut. Ihre Bemühung um die Schätze in den Galerien ist be-kannt. Wenn Sie nun stattdessen Ihre Bemühung der Herde zuwenden –
GALERIEDIREKTOR	Stattdessen?
ZOODIREKTOR	Man wird es hinnehmen. Und nicht nur hinnehmen. Man wird den weißen Stieren –
GALERIEDIREKTOR	Und Kühen.
ZOODIREKTOR	Man wird der ganzen Herde den Wert zumessen, den man bisher den Plastiken und den Gemälden in den Galerien zu-maß, gewissen Sonntagvormittagen, von denen man nicht wußte, ob es die Sonne oder der Schatten war, der spielte. Man wird den Schwung und die Schattie-rung der Hörner vergleichen, und in den geräumten Galerien nach den Jungen sehen.
GALERIEDIREKTOR	Ich frage mich, weshalb das alles nicht im Zoo geschehen soll.
ZOODIREKTOR	Aus den Gründen, die ich sagte. Und noch eins!
GALERIEDIREKTOR	Die Galerien wären gerne bereit, aus dem Erlös der einen oder andern kostbaren Plastik einen Beitrag zu seiner Erwei-terung –

ZOODIREKTOR	Das ist unmöglich. Sonst säße ich nicht hier –
GALERIEDIREKTOR	Aber weshalb?
ZOODIREKTOR	Sie wissen, daß gerade Stiere auf gewisse Farben –?
GALERIEDIREKTOR	Wo gibt es rot im Zoo?
ZOODIREKTOR	Es gibt ägyptische Stiere. Rotäugige!
GALERIEDIREKTOR	Was soll das ändern?
ZOODIREKTOR	Sie werden zornig angesichts der andern Farbe.
GALERIEDIREKTOR	Der andern Farbe?
ZOODIREKTOR	Sie sind empfindlich für grün. Und während hier das Grün der Hecken schnell abgefressen, das Grün der Rasenflächen schnell zerstampft –
GALERIEDIREKTOR	Und das der Dächer?
ZOODIREKTOR	Leicht von der einen oder andern Farbe übermalt wird, ist es im Zoo der übrigen Tiere wegen nötig, Grün begrenzt zu erhalten.
GALERIEDIREKTOR	Und wie sollen die Dächer hier übermalt werden?
ZOODIREKTOR	Das überlasse ich Ihnen. Ihr langjähriger Umgang mit Bildern, Ihre Freude an Schattierungen –
GALERIEDIREKTOR	Ich weiß.
ZOODIREKTOR	*erhebt sich* Es läutet Mittag.
GALERIEDIREKTOR	Und das Grün der Glockentürme, der angrenzenden Gärten, der Häuserdächer?
ZOODIREKTOR	Ich überlasse alles Ihnen. Was den öffentlichen westlichen Garten betrifft, so

	wird er bald als Futterplatz für die Stiere herangezogen werden. Und der Klostergarten im Osten –
GALERIEDIREKTOR	Darüber habe ich keine Befugnisse.
ZOODIREKTOR	Das ergibt sich. Im übrigen wird es gut sein, das Geläute der Klosterglocken einzustellen. Und nicht nur der Klosterglocken, sondern alles Läuten, jeden glockenähnlichen Klang im weiten Umkreis.
GALERIEDIREKTOR	Das reicht weit.
ZOODIREKTOR	Die Herde hat ihre eigenen Glocken, alle andern könnten sie verwirren.
GALERIEDIREKTOR	Dieser Garten wurde hier angelegt, weil man auch noch von den fernsten Türmen, von den Kirchen der Dörfer jenseits des Flusses, die nicht einmal mehr zur Stadt gehören –
ZOODIREKTOR	Die Herdenglocken werden alles ersetzen. In reichem Maß. Und man wird endlich wissen, woher der Klang kommt. Niemand anderer als Sie wird das den Pfarrern und Mesnern auch noch der fernsten Dörfer erklären können.
GALERIEDIREKTOR	Sie wollen doch nicht sagen, daß ich –
ZOODIREKTOR	Niemand anderer als Sie wird ihnen besser sagen können: Ich bitte Sie, das Läuten sein zu lassen, der Stiere wegen. Es verwirrt sie.
GALERIEDIREKTOR	Ich glaube vielmehr, daß das Absteigende dieses Gartens die Herde, wenn sie von

	oben her eingetrieben wird, verwirren könnte, die menschenähnlichen Bosketten!
ZOODIREKTOR	Es gibt abschüssigere Viehweiden und menschenähnlicheres Gebüsch.
GALERIEDIREKTOR	Um nochmals auf das Grün zurückzukommen, welche Farben sollen es ersetzen?
ZOODIREKTOR	Rot, schwarz, blau oder gelb, ich sagte schon –
GALERIEDIREKTOR	Meine Freude an Schattierungen!
ZOODIREKTOR	Und die Bewegung der Herde, nach der Sie sich zu richten haben.
GALERIEDIREKTOR	Wie soll ich –
ZOODIREKTOR	Wenn Sie die Tiere an den Sphinxen vorbei die breiten Wege hinunterdrängen sehen, wird Ihre Freude daran alles bewältigen.
GALERIEDIREKTOR	Ich frage mich, wie ich den Kindern, die bisher in diesem Garten spielten, begreiflich machen soll –
ZOODIREKTOR	Sie werden entzückt von den Stieren sein.
GALERIEDIREKTOR	Und ihre Großmütter?
ZOODIREKTOR	Sie werden das Entzücken ihrer Enkel teilen. Sie werden meinen, sich an längst Vergangenes zu erinnern, während den Enkelkindern die Erinnerung an die Zukunft aufsteigt. Niemand, der auch nur einen Blick auf diese weißen Rücken wirft, wird sich der Macht entziehen können, zu sehen, wonach er aus war, es endlich zu sehen; nicht Kieswege, Bosketten, Plastiken, Gemälde, Unausgespro-

chenes in einer Beleuchtung, die doch nicht hinreicht, nein: Weiße, breite Rücken in der Sonne, Köpfe, Hörner, die ganze Herde – Stiere!

GALERIEDIREKTOR Wann soll das sein?

ZOODIREKTOR Schon bald.

GALERIEDIREKTOR Sie verständigen mich?

ZOODIREKTOR Selbst wenn ich nicht mehr käme –

GALERIEDIREKTOR So muß ich bald zu räumen beginnen.

ZOODIREKTOR Sie sollen entschädigt werden.

GALERIEDIREKTOR Mein Amt als Direktor dieser Galerie –

ZOODIREKTOR Wird um die Verwaltung der umliegenden Straßenzüge, der Dächer und Türme, der angrenzenden Gärten erweitert.

GALERIEDIREKTOR Das sind Übergänge.

ZOODIREKTOR Die mich an Ihrer Stelle verlocken würden.

GALERIEDIREKTOR Und zuletzt? Wenn alle Glocken verstummt und alle Gärten kahlgefressen sind, wenn auch das Grün von den umliegenden Türmen und Kuppeln verschwunden ist, wenn alle zum Treiben und Hüten Unwilligen ihre Häuser geräumt haben, und zwischen Steintreppen und ausgetrockneten Bassins, von der Sonne beschienen, die Stiere drängen? Wenn die leicht verschiebbaren Grenzen zwischen ihren Leibern die einzigen Grenzen sein werden, die von hier aus zu sehen noch möglich sind?

ZOODIREKTOR Sollen die Fenster hier wie eben jetzt noch immer halb offen stehen.

GALERIEDIREKTOR	Und ich? Ich selbst? Wenn die Galerien oben und unten von Bildern und Plastiken geräumt sind, wenn ich nicht mehr abends meinen Hut nehmen und einen stillen Augenblick lang noch einmal die Schätze mustern kann?
ZOODIREKTOR	Es wird Ihnen, wie mir schon heute, dann nur mehr um das Weiß der Stiere gehen.
GALERIEDIREKTOR	Auch an den Abenden?
ZOODIREKTOR	Auch dann. Sie werden bis dahin vielleicht auch schon zum Teil erblindet sein. Alle, die das belebende Weiß der Herde Jahre hindurch betrachten, erblinden mit der Zeit.
GALERIEDIREKTOR	Ich werde erblinden?
ZOODIREKTOR	*schon an der Tür* Ja.
GALERIEDIREKTOR	Um noch ein letztes Mal von dem Grün zu reden: es gibt gewisse Augenblicke wie manchmal vor Gewittern, in denen der Himmel eine leichte grünliche Färbung annimmt. Und seltener auch abends, ich sprach davon.
ZOODIREKTOR	Es wäre ein großer Schrecken für die Herde, vielleicht ein Zeichen, alles im Umkreis zu stürmen.
GALERIEDIREKTOR	Aber wie –
ZOODIREKTOR	Sie werden es zu verhindern wissen!
GALERIEDIREKTOR	Ich glaube nicht, daß meine Freude an Schattierungen in einem solchen Fall –
ZOODIREKTOR	*ist gegangen.*
GALERIEDIREKTOR	Mein langjähriger Umgang mit Gemäl-

den – *tritt ans Fenster, schaut zum*
Himmel auf. Werde grün!
Ein Kind ruft nach einem andern. Vögel
zwitschern. Der Himmel ist blau, mit
weißen Wolken darin.

Auf verlorenem
Posten

DER SPIELZEUGDRAGONER IN DEN SPIELZEUGAUEN Wohin
    komme ich?
DER PUPPENMACHER In die Halle eines Restaurants, das nach
    Ihnen benannt ist.
DRAGONER Mit den Auen?
PUPPENMACHER Mit den Auen.
DRAGONER Und die Beleuchtung?
PUPPENMACHER Eine ganz natürliche. Von 11 Uhr vor-
    mittags bis 11 Uhr abends.
DRAGONER Und nachts?
PUPPENMACHER Ist es finster.
DRAGONER Und mein Pferd?
PUPPENMACHER Ist mit dabei.
DRAGONER Und die Feuchtigkeit vom Fluß her?
PUPPENMACHER Ist zu ahnen.
DRAGONER Und die Stechmücken?
PUPPENMACHER Auch. Im Hintergrund ist ein Tümpel
    angedeutet. Es sieht aus, als wären
    Sie eben darübergesetzt. Nun lauschen Sie.
DRAGONER Ja, ich weiß. Eben war es mir noch, als
    hörte ich Schritte aus dem Buschwerk.
    Aber nun –
PUPPENMACHER Nun hören Sie nichts mehr. Einver-
    standen?
DRAGONER Ja.
PUPPENMACHER Noch etwas?
DRAGONER Die Luft.
PUPPENMACHER Kaum spürbar. Und wenn, so nur
    untermischt mit den Erdbeergerüchen des
    Gefrorenen, mit dem Schneehauch
    der Mäntel in den Garderoben, mit –

DRAGONER	Wer wird mich sehen?
PUPPENMACHER	Fremde hauptsächlich – *als er die Be-unruhigung des Dragoners bemerkt* aber auch die Mädchen aus dem Kartenbüro vis-à-vis, aus dem Schuhladen in der kleinen Gasse zum Domplatz, aus dem Delikatessengeschäft an der Ecke.
DRAGONER	Und –
PUPPENMACHER	Noch etwas?
DRAGONER	Wird niemand bemerken, wie klein ich bin?
PUPPENMACHER	Mir ist nicht klar, was Sie meinen.
DRAGONER	Ich meine: wird es niemanden über-raschen?
PUPPENMACHER	Nein, da es doch niemand anders erwartet. Ein großer Teil Ihrer Anziehung beruht darauf.
DRAGONER	Ich wäre, um es offen zu sagen, lieber in der Fronleichnamsprozession aus dem Jahre 1910 mitgegangen.
PUPPENMACHER	Ihre Rolle hier ist größer: Sie sind allein.
DRAGONER	Allein –
PUPPENMACHER	In dem Knacken des Buschwerks, in der Morgendämmerung, den Feind im Rücken –
DRAGONER	Und wenn man entdecken sollte, daß die Sonne nicht aufgeht, daß die Mücken nicht steigen?
PUPPENMACHER	Man wird es nicht entdecken, weil man es voraussetzt.
DRAGONER	Daß ich den Feind erwarte?

PUPPENMACHER	Fürchten Sie nicht für Ihre Erwartung. Die Erwartung der Gäste ist hübscher, die Erwartung der Mädchen –
DRAGONER	Ist mein Anzug in Ordnung?
PUPPENMACHER	Sie schauen sich selbst so ähnlich, als es möglich ist.
DRAGONER	Das sagt nicht viel.
PUPPENMACHER	Ich habe Ihnen auch etwas Spott ins Gesicht gesetzt, ein Lächeln: was immer Ihre Beschauer erfahren, Sie wußten es früher. Sie wußten, daß über dem Blattwerk kein Himmel ist, Sie wußten –
DRAGONER	Ja. Es ist gut. Und wenn ich ausbrechen wollte aus der Morgendämmerung, aus meiner hübschen Au?
PUPPENMACHER	Sie können es nicht. Sie sind hinter Glas.
DRAGONER	Hinter Glas? *Fällt ohnmächtig vom Pferd.*
PUPPENMACHER	*einschrumpfend* He, ermannen Sie sich, steigen Sie wieder auf, lassen Sie die Weiden nicht wachsen und den Feind nicht hervorbrechen, lassen Sie die Mücken nicht aus dem Schilf steigen, lassen Sie die Sonne nicht aufgehen! *Zur Größe des Dragoners eingeschrumpft* Sind Sie verletzt?
DRAGONER	*bleibt still.*
PUPPENMACHER	Sind Sie getroffen?
DRAGONER	*bleibt still.*
	Die Mücken steigen aus dem Tümpel, das Buschwerk beginnt sich im Morgenwind zu rühren.

PUPPENMACHER	*sieht sich plötzlich in einer fremden Uniform* Lieber Gott! *Will das Pferd des Dragoners besteigen, das unruhig wird* Komm! *Der Dragoner rührt sich.*
DRAGONER	*seufzt.*
PUPPENMACHER	*springt über ihn hinweg, will an den Fluß hinunter, stößt an Glas und verbirgt sich im Buschwerk.*
DRAGONER	*erwachend, hebt sich auf die Arme* Eben war es mir noch, als hörte ich Schritte aus dem Buschwerk. Aber nun höre ich nichts mehr. *Er wäscht sein Gesicht im Tümpel, schwingt sich aufs Pferd und lauscht. Von nun ab bleiben alle reglos.*

Algebra

DIE FREUNDIN	Und wenn heute ein Sandsturm käme?
DAS MÄDCHEN	Ein Sandsturm?
FREUNDIN	Ja.
MÄDCHEN	Jetzt im November?
FREUNDIN	So schiens mir, als ich euren Flur betrat. Er war warm und roch nach Fischen –
MÄDCHEN	Aus dem italienischen Gasthaus im Erdgeschoß.
FREUNDIN	Und hell und die Wände voll hellgrüner Kacheln.
MÄDCHEN	Damit der Dampf aus der Küche sich nicht in die Mauern setzt. Es ist alles das Gasthaus.
FREUNDIN	Plötzlich sah es mir nach einem Sandsturm aus: ein Sandsturm, bei dem die Krabben durch die Fenster fliegen und die kalifornischen Affen sich in den Straßen wiegen, ein schwerer Sandsturm von der Donau herauf, ein ganz schwerer –
MÄDCHEN	Wir wollen zu rechnen beginnen, Fanny bringt bald den Tee.
FREUNDIN	Ein Sandsturm, der die Sonne über den Himmel zurücktreibt, der den Rauchgeruch nimmt und die Weihnachtsfreude eindämmt. Durch den es ganz hell wird jetzt um sechs –
MÄDCHEN	Um halb sieben.
FREUNDIN	Der die Sterne ausbläst, weil er sie mit Laternen verwechselt und die dicke Scheibe vor dem Fenster im Milchladen eindrückt –

MÄDCHEN	Wir wollen mit Algebra anfangen.
FREUNDIN	Ein Sandsturm –

In der Küche

DIE KÖCHIN	Hier hast du dein Essen, Jakob.
DER KRETIN	Ja.
KÖCHIN	Es ist nicht zu heiß.
KRETIN	Nein.
KÖCHIN	Ich habe es kühlgeblasen. Mit meinem eigenen Atem.
KRETIN	Ja.
KÖCHIN	Aber du weißt nicht, was das ist: mein eigener Atem.
KRETIN	Nein.
KÖCHIN	Daß du nichts verschüttest. Auch nicht einen Tropfen.
KRETIN	Keinen Tropfen.
KÖCHIN	Und daß du nicht zu den Mädchen hineingehst, hörst du! Mit deinem großen Kopf.
KRETIN	Auch nicht.
KÖCHIN	Ich gehe jetzt einkaufen: in den Milchladen. Willst du mitkommen?
KRETIN	*schüttelt den Kopf.*
KÖCHIN	Es ist auch besser. *Die Tür geht.*

Im Zimmer

FREUNDIN	Einer, bei dem die Glocken von den Franziskanern wie Schiffsglocken zu läuten beginnen –

MÄDCHEN	Wir wollen jetzt endlich –
FREUNDIN	Der die steinernen Windhunde von dem Portal gegenüber jagt!
MÄDCHEN	Laß gut sein! Wenn wir nicht bald beginnen –
FREUNDIN	Der –
MÄDCHEN	Dein Rechenheft?
FREUNDIN	Ich habe es vergessen.
MÄDCHEN	Du hast es vergessen!
FREUNDIN	Ein Sandsturm, der –
MÄDCHEN	Gib Frieden!
FREUNDIN	Der – *schreit auf.*
MÄDCHEN	Was hast du?
FREUNDIN	Nichts.
MÄDCHEN	Doch!
FREUNDIN	Die Tür ging.
MÄDCHEN	Die Tür?
FREUNDIN	Und ich sah hinter deinem Rücken einen Kopf, einen sehr großen Kopf –
MÄDCHEN	Und?
FREUNDIN	Jemanden, der grinste.
MÄDCHEN	Es war mein Bruder.
FREUNDIN	Ich wußte nicht, daß du noch einen Bruder hast!
MÄDCHEN	Ich habe einen. Wollen wir jetzt rechnen?
FREUNDIN	Ja.
MÄDCHEN	Ich borge dir ein altes Heft. *Das Kratzen der Federn.*

Erstes Semester

STUDENTIN	*sie ist nicht mehr ganz jung* Ich wollte fragen, ob ich hier Unterkunft finde.
PFÖRTNERIN	*die auch nicht mehr jung ist* Unterkunft?
STUDENTIN	Es soll hier ein Heim für auswärtige Studentinnen sein.
PFÖRTNERIN	Unser Heim ist besetzt, das heißt –
STUDENTIN	Ich bringe auch eine pfarramtliche Empfehlung mit.
PFÖRTNERIN	Woher kommen Sie?
STUDENTIN	Zwei Bahnstunden nordöstlich. Der Name wird Ihnen nichts sagen. Aber unser Pfarrer –
PFÖRTNERIN	Wie lange wollen Sie bleiben?
STUDENTIN	Solange es eben geht.
PFÖRTNERIN	Solange es geht?
STUDENTIN	Ich wollte sagen: zwei oder drei Jahre. Nicht länger.
PFÖRTNERIN	Das Heim ist aufgelassen.
STUDENTIN	Aufgelassen? Sagten Sie nicht eben –
PFÖRTNERIN	Daß es besetzt sei?
STUDENTIN	Ja.
PFÖRTNERIN	Ganz recht. Es ist auch besetzt.
STUDENTIN	Das verstehe ich nicht. Es steht doch noch die Schrift über dem Eingang.
PFÖRTNERIN	Dazu sind wir verpflichtet.
STUDENTIN	Und im Telefonbuch unter ›Heim für auswärtige Studentinnen‹.
PFÖRTNERIN	*die sich plötzlich steil aufrichtet* Aufgelassen im vorläufigen Sinn des Wortes. Besetzt im immerwährenden.
STUDENTIN	*mit gerunzelter Stirn* Das heißt –

PFÖRTNERIN	Auch zu besetzen nur in diesem Sinn.
STUDENTIN	*lebhaft* Ich könnte also bleiben?
PFÖRTNERIN	Ja. Wie ich eben sagte –
STUDENTIN	Weiß mein Pfarrer von dieser Bedingung?
PFÖRTNERIN	Ich fürchte, in den Pfarreien zwei Bahnstunden nordöstlich – wollen Sie nicht eintreten?
STUDENTIN	Ich will erst wissen, was das heißt: für immer!
PFÖRTNERIN	Das läßt sich schwer bei offener Pforte erörtern.
STUDENTIN	Wahrscheinlich müßte ich für immer im ersten Semester bleiben?
PFÖRTNERIN	Zumindest in dem eben befindlichen.
STUDENTIN	Das wäre bei mir das erste. Auch in derselben Fakultät?
PFÖRTNERIN	In der einmal gewählten: ja.
STUDENTIN	Das ist dieselbe. *Nachdenklich* Ich glaube nicht, daß mein Pfarrer – Ich habe jetzt auch kein Fahrgeld, um noch einmal heimzufahren und ihn zu fragen!
PFÖRTNERIN	Ich bin überzeugt, daß Ihr Herr Pfarrer –
STUDENTIN	Unser Pfarrer will, daß ich fertig studiere und eine Praxis in unserem Dorf eröffne.
PFÖRTNERIN	Ich will Sie zu nichts drängen, aber es beginnt jetzt zu regnen. Wenn Sie sich bald entscheiden würden –
STUDENTIN	Müßte ich nicht auch immer dieselben Vorlesungen hören?
PFÖRTNERIN	Das ergibt sich.
STUDENTIN	Ich meine: immer dieselbe?

PFÖRTNERIN	Sie wissen, daß vor Gott tausend Jahre wie ein Tag sind.
STUDENTIN	*die sich ein Kopftuch umbindet, zögernd* Ja.
PFÖRTNERIN	Nun, so viele Vorlesungen eben an diesem Tag gebräuchlich sind. Fünf oder sechs, einige unserer Insassinnen haben auch Seminarübungen.
STUDENTIN	Ich wahrscheinlich nicht. Im ersten Semester?
PFÖRTNERIN	Nein. Umso weniger als heute erst der zweite Tag ist. Aber es hat auch Vorteile. Sie werden viel im Freien sein. Am frühen Nachmittag werden Sie immer in dem kleinen Park nicht weit von hier spazierengehen.
STUDENTIN	*schaut hinauf* Immer unter demselben milchigen Himmel, in dem leichten Regen?
PFÖRTNERIN	Es gibt Leute, die gerade den leichten Regen lieben.
STUDENTIN	Freilich. Zu Hause, da bin ich immer –
PFÖRTNERIN	Und gegen Abend werden Sie von Ihrem Zimmer durch die erleuchteten Fenster gegenüber immer dieselben Kinder sehen, wie sie vom Nachmittagsunterricht heimkommen. Der Knabe wird sich ans Klavier setzen. Und das Mädchen wird immer –
STUDENTIN	*träumerisch* Dann wird es stärker zu regnen beginnen und dunkel werden. Ich

	öffne das Fenster. Und dieser leichte Rauchgeruch –
PFÖRTNERIN	Wird immer in der Luft sein.
STUDENTIN	Es regnet jetzt wirklich stärker.
PFÖRTNERIN	Wenn Sie weiterkommen wollen? Wir haben geheizt, auch im Flur!
STUDENTIN	*ohne noch den Fuß hineinzusetzen* Alles mit blauen Kacheln ausgelegt?
PFÖRTNERIN	Ja.
STUDENTIN	Es ist wirklich hübsch. Ich überlege nur, ob mein Pfarrer –
PFÖRTNERIN	In jedem Zimmer weiße Vorhänge!
STUDENTIN	Ob mein Pfarrer, wenn er sehen könnte, wie es hier ist –
PFÖRTNERIN	Und natürlich Zentralheizung, Blumen, eingebaute Schränke!
STUDENTIN	Er hat sich immer sehr um mein Wohlbefinden gesorgt.
PFÖRTNERIN	Darum müßte er sich dann nicht mehr sorgen.
STUDENTIN	*nachdenklich* Nein.
PFÖRTNERIN	Nun sehen Sie!
STUDENTIN	Ich überlege noch: wie ist es mit Weihnachten?
PFÖRTNERIN	Oh, es ist immer gleich nahe, ohne daß es freilich käme. Aber es begann ohnehin in den letzten Jahren – *lächelnd* – als wir noch nach Jahren zählten – immer mehr zu veräußerlichen.
STUDENTIN	*für sich* Es ist nahe.
PFÖRTNERIN	Ja. Immer dieser milchige Himmel, der

	die Schneewolken voraussagt. Aber es schneit nicht. Die Schaufenster sind alle noch nicht dekoriert, aber doch kurz davor.
STUDENTIN	Ich wollte zu Weihnachten nach Hause fahren.
PFÖRTNERIN	Danach hätten Sie kein Verlangen.
STUDENTIN	Kein Verlangen?
PFÖRTNERIN	Da Sie ja eben von zu Hause kommen. Dieser Tag hat auch den Vorzug, daß er vom Sommer noch nicht gar zu weit entfernt ist. Es ist sogar der Tag, an dem der Sommer sich so recht entfaltet. Sie haben noch die Heimat, Felder, Wiesen, Heu im Sinn – ohne daß sie Ihnen freilich den Sinn verstörten!
STUDENTIN	Bei uns sind wenig Felder. Aber es ist wahr: eben dachte ich daran.
PFÖRTNERIN	Alles ist nahe.
STUDENTIN	Ja.
PFÖRTNERIN	Was überlegen Sie noch?
STUDENTIN	Unser Pfarrer –
PFÖRTNERIN	Sie werden nie Gefahr laufen, ihn zu enttäuschen. Ihr Herr Pfarrer –
STUDENTIN	Ich werde immer diese blaue Mütze tragen? *Greift an ihren Kopf.*
PFÖRTNERIN	Das versteht sich. Und auf dem Spaziergang immer Kinder mit ähnlichen Mützen treffen!
STUDENTIN	Kinder, das ist gut!
PFÖRTNERIN	Nette Kinder, fröhliche Kinder! Lachend

	laufen sie an Ihnen vorbei, streifen mit ihren Taschen die Ihre und jauchzen im Halbdunkel.
STUDENTIN	O ja!
PFÖRTNERIN	Treten Sie ein!
STUDENTIN	*zögernd, schon mit dem Fuß auf der Schwelle* Sollte ich aber doch woanders wohnen wollen?
PFÖRTNERIN	Woanders? Ich nehme an, Sie haben keine Verwandten in der Stadt.
STUDENTIN	Sollte ich mich trotz allem nicht entschließen können?
PFÖRTNERIN	So wird der Regen, der jetzt noch auf Ihren Mantel fällt, sehr schnell in Schnee übergehen. Alles wird vom heutigen Tag ab in einer rasenden Geschwindigkeit abzulaufen beginnen: Weihnachten wird kommen und ebenso schnell vorbei sein, der Sommer wird kommen und keinen Augenblick bleiben!
STUDENTIN	Aber ich werde doch fertig studieren?
PFÖRTNERIN	Die zehn Semester werden schneller vorbei sein als ein Vormittag bei uns, als ein paar freundliche und nicht zu schwierige Antrittsvorlesungen, die Sie zu hören hätten.
STUDENTIN	Und ich werde die Praxis in meinem Heimatort übernehmen?
PFÖRTNERIN	Eher werden Sie erschöpft und schwach die Hände für immer sinken lassen, als Sie hier nur von Ihrem kleinen Spaziergang

	unter dem leichten Regen zurückkehren, um eine Tasse Tee zu trinken und Ihre Kleider zu trocknen.
STUDENTIN	Aber unser Pfarrer?
PFÖRTNERIN	Ihr Herr Pfarrer, von dem Sie hier immer nur zwei Bahnstunden entfernt wären –
STUDENTIN	Immer.
PFÖRTNERIN	Ihr Herr Pfarrer wird dann längst gestorben sein. Was überlegen Sie noch?
STUDENTIN	Ach, alles. *Sie zieht den Fuß zurück, die Tür des Heims für auswärtige Studentinnen schlägt zu, und es beginnt in großen, wässerigen Flocken zu schneien.*

Schweres Wasser

ALTE FRAU	Ich gehe hier im Regen.
ANDERE ALTE FRAU	Ich sahs von meinem Fenster – *schaut hinauf.*
ALTE FRAU	Mein Mantel stößt das Wasser ab.
ANDERE ALTE FRAU	*betastet den Mantel* Tatsächlich.
ALTE FRAU	Und glänzt nur immer stärker.
ANDERE ALTE FRAU	*nickt.*
ALTE FRAU	Dabei bleibt sichs nicht gleich, was ich jetzt lese. *Zeigt auf ein rotes Gebäude in einiger Entfernung.*
ANDERE ALTE FRAU	*schüchtern* Nein, freilich nicht.
ALTE FRAU	Bei Regen ›Chule‹, später –
ANDERE ALTE FRAU	Von meinem Fenster liest sichs ›Schule‹.
ALTE FRAU	Schule?
ANDERE ALTE FRAU	Ja, Mädchenschule.
ALTE FRAU	*unwirsch* Bleibt nur die Frage, ob die Tauben, sobald der Regen nachläßt, meinen Hut nicht beschmutzen werden.
ANDERE ALTE FRAU	*betastet den Hut:* Von Filz?
ALTE FRAU	Von grobem Filz. Und schwarz geädert. Die alte Machart.
ANDERE ALTE FRAU	Stößt kein Wasser ab?
ALTE FRAU	Nein, keins.
ANDERE ALTE FRAU	Sind alle Tauben hier?
ALTE FRAU	Ja, alle. *Flüsternd* Es liegt an meinem Hut.
ANDERE ALTE FRAU	Daß ich bisher noch nicht auf den Gedanken kam.
ALTE FRAU	Gedanken?
ANDERE ALTE FRAU	*weist mit dem Kopf nach dem Schulgebäude hinüber.*

ALTE FRAU	Das braucht oft lange.
ANDERE ALTE FRAU	Es lindert in der Tat.
ALTE FRAU	Es gibt Standpunkte, die lindern.
ANDERE ALTE FRAU	Ich bin auch ganz durchnäßt.
ALTE FRAU	Ihr Mantel?
ANDERE ALTE FRAU	Ja.
ALTE FRAU	Er schien mir hell und schwer.
ANDERE ALTE FRAU	Er ist durchlässig.
ALTE FRAU	*nickt* Die schweren Stücke, wissen Sie –
ANDERE ALTE FRAU	Aber mein Hut ist leicht.
ALTE FRAU	Das gibt zu denken. Und immer noch die Tauben, die nur warten, sich einem rasch auf Kopf und Kragen zu setzen, wenn es endet. *Zeigt auf den Himmel.*
ANDERE ALTE FRAU	Es ist mir jetzt bald, als erwartete ich sie.
ALTE FRAU	Mir nicht. Ich lese »Ule« bei Sonnenschein. Das deckt. *Pause* Nach einiger Zeit ist alles wieder still.
ANDERE ALTE FRAU	Und auch die Tauben?
ALTE FRAU	Weit verflogen.
ANDERE ALTE FRAU	Und ich? Ich kann die Wohnung lange nicht mehr wechseln. *Mit gerunzelter Stirne* Mädchenschule – Mädchenschule?
ALTE FRAU	Vom Himmel hoch.
ANDERE ALTE FRAU	*ängstlich* Schon bald?
ALTE FRAU	Die Sonne.
ANDERE ALTE FRAU	Bald?
ALTE FRAU	Noch bälder ist alles wieder still.

Die Auktion

AUKTIONATOR	Zu versteigern sind ein Stück Himmels-blau und eine Kommode.
ZWISCHENRUFER	Vom heutigen Tag?
AUKTIONATOR	Die Kommode vom heutigen Tag, das Himmelsblau von vorgestern gegen elf, als in der Nähe des alten Krankenhauses zwei Straßenbahnen zusammenstießen. *Schweigen.*
AUKTIONATOR	Ferner ein Waldstück aus dem Jahre sechzehnhundertundvier, da gelegen, wo heute ein Teil der neuen Gefängnisse –
FRAU	*in armseligem Pelz* Ich biete ein Kaninchen.
AUKTIONATOR	Tot oder lebendig?
FRAU	Lebendig.
AUKTIONATOR	Wofür?
FRAU	Für das Himmelsblau von vorgestern gegen elf, als in der Nähe des Kranken-hauses –
AUKTIONATOR	Des alten Krankenhauses –
FRAU	Des alten Krankenhauses –
AUKTIONATOR	*unterbricht sie* Kaninchen wird für Him-melsblau geboten. Zum ersten – *unterbricht sich* bedenken Sie, daß alles Himmelsblau von vorgestern gegen elf in die Hände der Frau übergeht, wenn niemand –
ZWISCHENRUFER	Zwischenrufe sind nicht gestattet!
AUKTIONATOR	Zum zweiten!
MANN	*in schwarzem, glänzendem Mantel* Ich biete das alte Theater.

FRAU	*beginnt zu weinen.*
AUKTIONATOR	Offen oder geschlossen?
MANN	Geschlossen.
AUKTIONATOR	Wofür?
FRAU	*weint jetzt lauter.*
MANN	*mit einem mitleidigen Blick auf sie* Für das Waldstück aus dem Jahre sechzehnhundertundvier.
AUKTIONATOR	*streng* Das Himmelsblau ist zur Rede!
MANN	Verzeihung.
AUKTIONATOR	*milder* Aber Sie wollten es doch?
MANN	Nein. Ich habe den Schulhof des Mädchengymnasiums vom Jahr zweitausend ab in Erbpacht gegeben gegen das alte Theater. Jetzt will ich für das alte Theater das Waldstück aus dem Jahre sechzehnhundertundvier. Ich habe die berechtigte Hoffnung auf Kaninchen.
ZWISCHENRUFER	Ich an Ihrer Stelle –
AUKTIONATOR	Ich muß um Ruhe bitten. Es ist immer noch das Himmelsblau zur Rede.
FRAU	*flüsternd zu ihrer Nachbarin* Mein Sohn wurde nämlich bei dem Zusammenstoß verletzt, er war auf der Plattform der hinteren Straßenbahn!
AUKTIONATOR	*eintönig* Bedenken Sie, daß alles Himmelsblau von vorgestern gegen elf, das Blau über der Pfandleihanstalt und das Blau über dem Ozean in die Hände der Frau übergeht, wenn niemand –

ZWISCHENRUFER	*leise zu dem Mann* Ich an Ihrer Stelle würde sie das Blau nehmen lassen und dann das Kaninchen ersteigern!
MANN	Ich dachte eben daran.
AUKTIONATOR	Zum ersten. Bedenken Sie noch einmal!
FRAU	*zur Nachbarin* Die Ärzte geben mir Hoffnung. Aber ich dachte, für alle Fälle!
AUKTIONATOR	Zum zweiten. Bedenken Sie gut!
NACHBARIN	Lassen Sies rahmen?
FRAU	*nickt eifrig.*
AUKTIONATOR	Zum dritten. *Mißmutig zu der Frau* Sie könnens holen.
FRAU	*verschwindet in einem dunklen Nebenraum, gibt zuvor das Kaninchen beim Auktionator ab.*
AUKTIONATOR	*traurig, das Kaninchen am Wickel* Der Himmel kommt jetzt in die falschen Hände.
ZWISCHENRUFER	*eifrig* Alle Wälder!
NACHBARIN	*gekränkt* Ihr Sohn ist bei der Steuer.
AUKTIONATOR	Zu versteigern bleiben: Eine Kommode und ein Waldstück aus dem Jahre sechzehnhundertundvier –
ZWISCHENRUFER	Und das Kaninchen?
AUKTIONATOR	Ist noch ungeschätzt.
MANN	*im glänzenden, schwarzen Mantel* Ich biete: die Aufführung des alten Theaters vom elften November achtzehnhundertundsiebenundneunzig!
AUKTIONATOR	Welcher Art?
MANN	Operette.

AUKTIONATOR	Welcher Operette?
MANN	Mir nicht mehr erinnerlich.
AUKTIONATOR	Wofür?
MANN	Für das Kaninchen.
AUKTIONATOR	Das Waldstück ist zur Rede.
MANN	Ach so.
AUKTIONATOR	Sie wußtens!
MANN	Ich bin Maler und wohne auf einem stillen Platz. Mir geht es um Kaninchen.
AUKTIONATOR	*schüttelt den Kopf.*
MANN	Ich könnte auch noch die Freikarte zu einer Schüleraufführung im September zweitausendunddrei bieten. Das bringt alles mein Beruf mit sich.
AUKTIONATOR	Welcher – *unterbricht sich* Für das Kaninchen?
MANN	*nickt.*
AUKTIONATOR	*abweisend* Zu versteigern bleiben: eine Kommode, ein Waldstück aus dem Jahre sechzehnhundertundvier –
ZWISCHENRUFER	*stößt einen Ruf der Verachtung aus* Und?
AUKTIONATOR	*holt tief Atem* Die Gitter dreier Kinderbetten aus der Infektionsabteilung.
ZWISCHENRUFER	Ich wußte, daß er noch etwas im Rückhalt hat.
AUKTIONATOR	*ohne sich stören zu lassen* Früher im privaten Haushalt in Gebrauch, später an das Kinderkrankenhaus abgegeben.
MANN	*im glänzenden Mantel* Nehme ich.
AUKTIONATOR	Sie bieten?
MANN	Ein Treppengeländer. Stark glänzend.

ZWISCHENRUFER	Einen Korb Orangen. Neue Ernte!
AUKTIONATOR	*schüttelt den Kopf.*
MANN	*unmutig* Was Sie wollen.
AUKTIONATOR	Das reicht nicht.
MANN	*atmet auch tief* Die Einladung zu einer Kinderjause; Mädchen. Frühherbst neunzehnhundertundelf. Fand ganz nahe von hier nicht statt, weil eines der Mädchen zwei Tage vorher an Scharlach starb.
AUKTIONATOR	*streng* Das Mädchen – gings zur Schule?
MANN	Es ging.
AUKTIONATOR	Das Laub?
MANN	Es spielte.
AUKTIONATOR	Die Hutbänder?
MANN	Sie flogen.
AUKTIONATOR	Und waren hell?
MANN	Genug!
AUKTIONATOR	Den Ort will ich noch wissen.
MANN	In der Nähe des alten Theaters, vielleicht nordwestlich. Die Tafel, die das Stockwerk bezeichnete, befand sich oberhalb der Tür. Zur rechten Hand, sie glänzte.
AUKTIONATOR	*nachdenklich, mit dem Notizblock in der Hand* Nordwestlich – oberhalb der Tür –
MANN	Es ging auf drei.
AUKTIONATOR	Ich gebe zu bedenken, daß die Gitter, die hier zur Rede sind, vier Jahre lang im Freien lehnten, nach West-Nordwesten schauend und zugleich nach Osten –
MANN	Das trifft sich.

AUKTIONATOR	Oberhalb eines Platanenwipfels. *Schweigen.*
AUKTIONATOR	Bietet niemand mehr? *Erregt, unsicher* Ich kenne meine Werte. Ich rettete einmal mit Mühe ein Schirmgeschäft davor – ich rettete es –
ZWISCHENRUFER	Wozu?
AUKTIONATOR	Einen Laden mit Musikinstrumenten!
MANN	*vor sich hin* Das Sonnenspiel.
AUKTIONATOR	Ein ganz besonderes von hohem Wert. Sie kennen es?
MANN	*nickt.*
AUKTIONATOR	*streng* Der Geruch nach Lysol?
MANN	Verging mit dem Rauschen der Röcke.
AUKTIONATOR	Wo rauschten die Röcke?
MANN	Die Straße nach Süden hinab, an drei Gärten vorbei.
AUKTIONATOR	Schlug da nicht die Uhr? *Eindringlicher* Schlug die Uhr?
MANN	*schüttelt den Kopf, zögernd* Es fehlte ihr ein Herzschlag auf drei.
AUKTIONATOR	Sie könnens holen. *Läßt die Arme sinken und gibt das Kaninchen frei, das auf das Fensterbrett springt.* Wenn Sie es statt der weißen Gitter jetzt noch haben wollen?
KANINCHEN	*springt drei Stockwerke tief in den Hof.*
MANN	*beugt sich aus dem Fenster und sieht hinab* In Gottes Namen.
AUKTIONATOR	So schließe ich die Auktion.
ZWISCHENRUFER	*schluchzt. Es schlägt drei.*

Gute See

KINOKASSIERIN   Schon wieder: Netze vor dem Eingang.

VORBEIPATROUILLIERENDER POLIZIST   Und was geschieht damit?

KASSIERIN   *zuckt mit den Schultern.*

POLIZIST   Wenns Fischernetze wären –

KASSIERIN   Ja.

POLIZIST   Die brächten Glück am Morgen.

KASSIERIN   *spöttisch* Haifischnetze, Thunfischnetze – Stockfischnetze –

POLIZIST   Und alle angepaßt?

KASSIERIN   *nickt* Ich eröffne jetzt.

POLIZIST   *neugierig näherkommend* Was ist es heute?

KASSIERIN   Hai.

POLIZIST   Hai!

KASSIERIN   *während sie das Netz vorsichtig vom Eingang löst, vor sich hin* Gute See – gute Seel – gute Seele –

POLIZIST   Ich hör schon recht.

KASSIERIN   Alle meine Entlein um sieben Uhr morgens, und die schmutzigen Leinenfetzen –

POLIZIST   Ich höre.

KASSIERIN   Vorsicht, daß es nicht bricht an der Biegung!

POLIZIST   Freilich Vorsicht!

KASSIERIN   Sonst ist alles umsonst.

POLIZIST   *eifrig* Man merkt es daran, wie der Himmel die Blätter von den Alleebäumen einreißt.

KASSIERIN   *als hätte sie Nadeln zwischen den Lippen* Mhm.

POLIZIST	Wie leicht und wie rasch!
KASSIERIN	Die Übung! *Sie nimmt das Netz ab und legt es sorgfältig über ihren Arm.*
POLIZIST	*sieht ihr zu, wie sie das äußere Eisentor aufsperrt* Und jetzt?
KASSIERIN	Ich leg es zu den andern. *Sie sperrt ihre Box auf und legt es hinein.*
POLIZIST	Gut so.
KASSIERIN	Ich soll heute um zwei beim Friseur sein.
POLIZIST	Beim Friseur?
KASSIERIN	Vielleicht, daß ich ihm alle überlasse – *deutet auf die aufgestapelten Netze.*
POLIZIST	Wofür?
KASSIERIN	Ein finsterer Platz: Sommer und Winter bei künstlichem Licht. Viel Verwendung für Netze!
POLIZIST	Die kann leicht einer haben.
KASSIERIN	So leicht wie nicht leicht.
POLIZIST	*kaut an seinen Lippen* Kein Riß darin!
KASSIERIN	*spöttisch* Vielleicht soll ich aufs Fundamt gehen. Damit die See sich leichter fangen läßt.
POLIZIST	Aber nein.
KASSIERIN	Da gibt es grünere Flure!
POLIZIST	Ich weiß schon.
KASSIERIN	Schneiderflure zum Beispiel.
POLIZIST	Ich weiß.
KASSIERIN	*streicht leicht über das Netz.*
POLIZIST	Wie das knistert.
KASSIERIN	Ohne alle Gewähr.
POLIZIST	Und auch sonst ohne alles.

KASSIERIN	Das hat seinen Wert.
POLIZIST	Haifischnetze hab ich gröber in der Idee gehabt.
KASSIERIN	Ich auch. Aber es gibt Lampenschirm- machersflure, Opernflure, Flure von Konfiserien, da lernt mans begreifen, daß sie fein sein müssen.
POLIZIST	Hai-ja!
KASSIERIN	*sieht ihn erstaunt an.*
POLIZIST	*mit einem Blick auf die Netze, fröstelnd* Das steigt!
KASSIERIN	Was denn sollts tun?
POLIZIST	*dringender* Aber Sie?
KASSIERIN	Was ich gesagt hab. *Zwängt sich neben die Netze.*
POLIZIST	Nur eines, wenn ich haben könnte!
KASSIERIN	*kalt* Das wäre sehr einfach.
POLIZIST	Hai oder Tintenfisch – mir käms darauf nicht an!
KASSIERIN	Das glaub ich schon. Und dann die Kinder fangen, die sich vor drei herum- treiben.
POLIZIST	*schweigt.*
KASSIERIN	Oder?
POLIZIST	Ich möcht nichts fangen. Ich ließ die Enten schwimmen und die Kinder in den Autobussen von der Schule nach Haus fahren.
KASSIERIN	Weiter!
POLIZIST	Das Weiß unter den Blättern ließ ich Silber heißen – wies heißt –

KASSIERIN	*besänftigt* Das wär schon etwas.
POLIZIST	›Die Abendstunde Gold.‹
KASSIERIN	Wies heißt.
POLIZIST	Ich unterbräche keine Rechenstunde und kein Übungsstück und keinen Unterricht in keiner Sprache. Von allen Schulen links ließ ich die Wagen stehen, gewaschen wie sie sind.
KASSIERIN	*nickt.*
POLIZIST	Dann kehrt ich um –
KASSIERIN	Und – und?
POLIZIST	Und legte mich um sieben Uhr morgens in die schmutzigen Leinentücher, von denen grade die Toten aufgestanden sind.
KASSIERIN	Und?
POLIZIST	Drehte mich herum und hielt das Netz in meinen beiden Händen.
KASSIERIN	Und?
POLIZIST	Fing mich selber.

Wiederkehr

*Ladenklingel des etwas abseits gelegenen
Ladens für Schiffszubehör und
Fischereiwaren.*

1. MATROSE	Hände hoch!
2. MATROSE	Wenn wir auch ohne Waffen sind.
3. MATROSE	Ich bewache die Tür.
INHABER	*ein alter Mann* Was –
1. MATROSE	Sie wissen es selbst.
ALTER MANN	Ihre Wünsche?
2. MATROSE	Erinnern Sie sich nicht?
3. MATROSE	Sie haben uns vor drei Jahren Rettungs-ringe verkauft.
ALTER MANN	Ich verkaufe viele Rettungsringe.
1. MATROSE	Es war nichts damit.
ALTER MANN	Ich weiß nichts mehr.
1. MATROSE	Es war ein heißer Tag.
2. MATROSE	Mittag wie heute.
3. MATROSE	Auf Lager war nichts mehr, da holten Sie die Ringe aus dem Schaufenster.
ALTER MANN	Ich erinnere mich nicht.
3. MATROSE	Dort lagen gerade drei.
2. MATROSE	Es war nichts damit.
ALTER MANN	Ich weiß nicht, was Sie meinen.
3. MATROSE	Wir meinen diesen Tag.
2. MATROSE	Ein Sonntag.
1. MATROSE	Sie hielten offen.
2. MATROSE	Wir waren froh, daß Sie offenhielten.
1. MATROSE	Als wir hereinkamen, blendete uns noch die Sonne.
ALTER MANN	So?
2. MATROSE	Die Klingel schrillte wie heute.

3. MATROSE	Wir verlangten die Ringe und Sie gaben sie uns.
1. MATROSE	Die drei Ringe aus dem Schaufenster.
2. MATROSE	Verstaubte Ringe. Aber Sie sagten: wenn es darauf ankommt, wäscht die Flut sie ab.
ALTER MANN	Sagte ich das?
2. MATROSE	Ja. Wir waren zufrieden damit.
ALTER MANN	Ich sage es öfter, wenn ich Ringe verkaufe. Es soll Glück bringen.
1. MATROSE	Wir glaubten es auch.
2. MATROSE	Die Nacht hing uns noch wie Musik in den Ohren.
3. MATROSE	Wir zogen fröhlich ab.
ALTER MANN	Alle meine Ringe sind verstaubt.
2. MATROSE	Die Flut hat sie abgewaschen.
1. MATROSE	Aber sonst –
3. MATROSE	Es war nichts damit.
ALTER MANN	Es ist möglich, daß die Ringe im Schaufenster durch die Sonne etwas abgebleicht wurden.
2. MATROSE	Das auch –
3. MATROSE	Aber nicht das allein.
1. MATROSE	Sie waren zu schwer.
ALTER MANN	Ich werde mich an den Fabrikanten wenden!
1. MATROSE	Vielleicht waren sie nur für das Schaufenster bestimmt –
2. MATROSE	Ja, vielleicht –
3. MATROSE	Wir merkten es nicht gleich.
2. MATROSE	Vielleicht waren sie auch nur wenig schwerer.

3. MATROSE	Als das Boot sank, schwammen sie nicht.
1. MATROSE	Das war auch ein sonniger Tag.
2. MATROSE	Die Karibische See!
3. MATROSE	Da kreuzten wir zum ersten Mal.
2. MATROSE	Die Haie!
ALTER MANN	Vielleicht hatten Sie die Ringe nicht richtig um den Leib.
2. MATROSE	Die hatten wir schon richtig.
ALTER MANN	Vielleicht hielten Sie sich nicht fest genug daran!
2. MATROSE	Fest genug!
ALTER MANN	Vielleicht rissen sie die Haie weg!
3. MATROSE	Die kamen erst später.
ALTER MANN	Wer kann das sagen?
1. MATROSE	Wir.
2. MATROSE	Heute am Tage unserer Auferstehung –
ALTER MANN	Haben Sie Mitleid mit mir!
1. MATROSE	Zu sonnig, um in den Himmel zu fahren.
3. MATROSE	Aber still genug.
2. MATROSE	Da wollten wir –
ALTER MANN	Um der Gnade willen, in die Sie einziehen, lassen Sie mich in Frieden!
2. MATROSE	Wir wollen Ihnen die Ringe wiedergeben.
3. MATROSE	Sie sind zu schwer, um sie hinaufzunehmen.
ALTER MANN	Wo sind sie?
1. MATROSE	Sie liegen an der Mole.
2. MATROSE	Wo wir herauftauchten.
3. MATROSE	Kommen Sie mit!
	An der Mole. In der Ferne steigt der Rauch ausfahrender Schiffe auf.

1. MATROSE	Hier!
ALTER MANN	*fast freudig* Da sind sie! Ich hätte nicht gedacht, daß ich sie wiedersehe.
3. MATROSE	Wir auch nicht.
ALTER MANN	So frisch und glänzend.
2. MATROSE	Als wir heraufkamen, riß der Tang davon!
3. MATROSE	Der Schlamm blieb unten.
ALTER MANN	Ganz weiß, kein Fünklein Staub.
1. MATROSE	Nein.
ALTER MANN	Wie leuchtend rot die roten Streifen sind. Das wußte ich selbst nicht. *Schweigen. Die Sonne geht weg.*
ALTER MANN	*streicht zärtlich über die Ringe* Und die blaue Aufschrift: RD.
2. MATROSE	Was soll das heißen?
ALTER MANN	Rettungsdienst; es ist das Firmenzeichen.
3. MATROSE	Ach so.
ALTER MANN	Keine Bruchstelle. *Der Schatten verstärkt sich. Wind kommt auf.*
1. MATROSE	Mich friert's.
2. MATROSE	Wir steigen bald auf.
ALTER MANN	Und Sie wollen sie – Sie wollen sie mir wirklich wiedergeben?
3. MATROSE	Ja.
ALTER MANN	Und ich soll nichts dafür bezahlen?
2. MATROSE	Nein.
ALTER MANN	Ich darf sie wieder nehmen, als hätte ich sie nie verkauft?

DIE MATROSEN	*nicken.*
ALTER MANN	Und tun, was ich will damit?
1. MATROSE	*schiebt seinen Ring mit dem Fuß halb über den Rand der Mole.*
ALTER MANN	Was tun Sie?
1. MATROSE	Beinahe wäre er wieder zurückgefallen.
ALTER MANN	Gott bewahre!
2. MATROSE	*schaut zum Himmel auf* Ein schattiger Sonntag wird das heute.
3. MATROSE	Meinen Auferstehungstag, den hätte ich mir auch anders gedacht.
2. MATROSE	Die Sonne kommt jetzt nicht mehr, aber es ist noch still.
1. MATROSE	Zeit, aufzufahren! *Sie fahren in den Himmel.*
ALTER MANN	*legt die Hände über die Augen, ruft ihnen nach* Ich bleibe in Ihrer Schuld! *Packt die Ringe über den Arm, humpelt über die Mole gegen die Stadt und seinen Laden zurück.* *Ladenklingel.*
ALTER MANN	*in den leeren Raum hinein* Ich bins nur. *Er legt die Ringe in das Schaufenster zurück.*

Im jungen Grün

SEVERIN	Eine kurze Gasse zu meiner Ehre!
SEIN BEGLEITER	*nickt* Sie wußtens.
SEVERIN	Und wer ist es, der hier –
BEGLEITER	Eine alte Frau.
SEVERIN	Allein? Zum Befragen geeignet?
BEGLEITER	Allein. Mit dem Blick auf die Baumkronen. Die Eisläden ringsherum sperren. *Stößt ein Haustor auf* Was noch?
SEVERIN	*schon auf der Treppe* Ich wollte – *nachdenklich* Nichts. Ich wollte erst später –
BEGLEITER	*läutet, Schritte von innen* Lassen Sie mich jetzt reden!
ALTE FRAU	*ihre Schlüssel suchend* Wer ist draußen?
SEVERIN	Wir kommen –
BEGLEITER	Vom Verein zur freien Meinungserforschung.
ALTE FRAU	Dazu gehöre ich nicht.
BEGLEITER	Deshalb! Wir befragen nur solche.
SEVERIN	Sie wurden erwählt –
BEGLEITER	*wirft ihm einen ärgerlichen Blick zu* Ihr Herr Pfarrer hat uns an Sie empfohlen.
ALTE FRAU	*halb öffnend* Er hat Sie nicht angemeldet. Er weiß auch, daß heute kein guter Tag ist.
BEGLEITER	Von heute weiß er nichts. Er weiß nur, daß wir im Laufe dieser Zeit –
ALTE FRAU	Ihr Verein ist mir unbekannt.
BEGLEITER	Wir wollten Sie damit bekannt machen. Wir sind öffentlich gefördert. *Zieht ein Papier aus der Rocktasche.*
ALTE FRAU	*zögernd, ohne es anzuschauen* Wenn Sie

weiterkommen wollen. Aber ich bin in
Eile!

SEVERIN   *eintretend, schüchtern seinen Namen
murmelnd* Guten Abend!

ALTE FRAU   Ist es schon so spät? Eben hörte ich noch
die Kinder von der Gasse herauf.

SEVERIN   *stehenbleibend, ungeschickt* Die Kinder
hört man nicht mehr.

ALTE FRAU   Hier durch. Ich trinke eben Tee. *Schiebt
Stühle in den Erker.* Wie ist es nun mit
Ihrer freien Meinungserforschung?
Worauf bezieht sie sich?

SEVERIN   Auf alles.

BEGLEITER   *hastig* Nicht nur auf Meinungen. Auch
auf Gewohnheiten, Tätigkeiten –

ALTE FRAU   Gewohnheiten, Tätigkeiten?

BEGLEITER   Soweit die Meinungen davon herrühren.

ALTE FRAU   *beunruhigt* Aber ich darf mich nicht
verspäten. *Schenkt Tee ein.* Ich höre heute
abend einen Vortrag.

BEGLEITER   Einen Vortrag?

ALTE FRAU   ›Der heilige Severin und sein Begleiter‹.

SEVERIN   *erregt* Sein Begleiter –

ALTE FRAU   Das Thema liegt Ihnen wohl fern.

BEGLEITER   Das will ich nicht behaupten. Aber es
klingt uns, als gehörte es zu einer Reihe.

ALTE FRAU   *nickt* Eine Reihe. Ich höre sie gemeinsam
mit meiner Nichte.

BEGLEITER   Ihre Nichte –

ALTE FRAU   Es ist ein guter Anlaß, einander wieder-
zusehen. Wir vereinbaren uns für

	gewöhnlich einige Minuten vorher. *Sieht auf die Uhr.* Nach dem Vortrag begleitet sie mich ein Stück Wegs heim.
BEGLEITER	Und Sie besprechen das Gehörte?
ALTE FRAU	Ja. *Sieht ihn aufmerksam an* Wir besprechen das Gehörte. *Darüber hinweg.* Manchmal gehen wir auch noch eine Haltestelle lang zu Fuß miteinander, an warmen Abenden kommt es vor, daß ich mich plötzlich hier unten an der Ecke finde, mit roten Wangen, umgeben von den Worten – ganz umgeben – als wäre ich wieder jung! Verstehen Sie mich recht?
BEGLEITER	Die Vorträge sind wöchentlich, nicht wahr?
ALTE FRAU	*nickt* Wöchentlich.
BEGLEITER	*mit einem Notizbuch* Noch sieben vor dem Sommer?
ALTE FRAU	Noch sieben.
SEVERIN	Nein.
ALTE FRAU	Ja, sieben.
SEVERIN	Es sind keine sieben mehr.
ALTE FRAU	Wieviele denn?
BEGLEITER	Sieben, seien Sie versichert.
ALTE FRAU	*lächelnd* Meine Nichte und ich, wir müßten uns gründlich geirrt haben. Wir haben seit langem errechnet, daß die Reihe bis Ende Juni läuft, bis zum Beginn des Sommers!
BEGLEITER	So lange läuft sie auch.
ALTE FRAU	Anschließend wollten wir auf Ferien gehen, nicht weit und nicht lange –

BEGLEITER	Und im Herbst verschreiben Sie sich einer neuen Vortragsreihe?
ALTE FRAU	Ja. Ich besuche seit Jahren Vorträge; sie halten einen immer aufrecht und auf dem laufenden.
BEGLEITER	Und lassen Sie die Vortragenden von dieser Wirkung wissen?
ALTE FRAU	Das tue ich, ich schreibe öfter Briefe. Das vertreibt die Abende, an denen meine Nichte nicht bei mir ist.
BEGLEITER	Auch in der hellen Zeit?
ALTE FRAU	Die letzten Wochen bestärkten mich darin. Wenn ich im jungen Grün spazierengehe, kommen mir die Worte oft wie geschenkt!
SEVERIN	Es sind keine sieben Vorträge mehr.
ALTE FRAU	Aber Sie können es lesen. Es ist angeschlagen.
BEGLEITER	Sie werden ihn nicht überzeugen.
ALTE FRAU	Hellgrüne Plakate!
SEVERIN	*schüttelt den Kopf.*
BEGLEITER	Sie sehens selbst. – Und nächsten Sommer?
ALTE FRAU	Eine Reise. Einzelne der Vortragenden veranstalten Sommerreisen.
BEGLEITER	Und nächsten Herbst?
ALTE FRAU	Da wollen wir – *zögert, lächelt* – Nun: wieder Vorträge hören.
BEGLEITER	Und übernächsten Sommer?
ALTE FRAU	Ferien! Vielleicht, daß ich dann endlich mit meiner Nichte zusammenziehe –

BEGLEITER	Und übernächsten Herbst?
ALTE FRAU	Vorträge. *Noch immer lächelnd.* Wirklich, wenn ich die Zukunft überdenke, sehe ich uns immer unter den Bäumen dahingehen und das Gehörte besprechen!
SEVERIN	Keine sieben Bäume mehr.
BEGLEITER	Und den Sommer danach?
ALTE FRAU	*nachdenklich, mit gerunzelter Stirn* Den Sommer?
SEVERIN	Kein Sommer mehr!
BEGLEITER	Aber den Herbst danach?
ALTE FRAU	*lehnt sich zurück* Ich sehe immer: schwarz-grün, schwarz-grün, schwarz-grün. Mir ist schwindlig! Wenn ich den heutigen Vortrag versäume, sind Ihre Fragen schuld!
SEVERIN	*eindringlich, beugt sich zu ihr* Es ist kein Vortrag mehr!
ALTE FRAU	*ängstlich, zum Begleiter* Sie wissens! Sie sehen mich durch eine graue Gasse gehen, die in Bäumen endigt, gebückter vielleicht und weniger erregt, aber Sie sehen mich! Sie wissens, was in diesem Herbst nach den zwei Herbsten ist!
BEGLEITER	S i e wissen es! Und Sie sagens mir auch gleich!
SEVERIN	Es ist kein Herbst mehr! *Er steht auf.*
BEGLEITER	Viele Herbste.
ALTE FRAU	Einer von Ihnen –
BEGLEITER	Was werden Sie im dritten Herbst von heute ab gerechnet tun?

ALTE FRAU	*mühsam* Was werde ich im dritten Herbst von heute ab – im dritten Herbst von heute ab gerechnet – was werde ich im dritten Herbst – *starrer, den Zusammenhang schon verlierend* – im dritten Herbst von heute ab –
BEGLEITER	Was werden Sie da tun?
SEVERIN	*hinter ihr* Es sind jetzt keine sieben Worte mehr.
ALTE FRAU	Ich werde – *Überlegt mühsam.*
BEGLEITER	*vor ihr* Sie wissens!
SEVERIN	Sie wissens nicht!
BEGLEITER	*beugt sich dicht über sie, an ihrem Ohr* Im jungen Grün spazierengehen – Sie werden dann mit Ihrer Nichte im jungen Grün spazierengehen – im jungen Grün – im jungen Grün – wiederholen Sie: Im jungen Grün spazierengehen –
ALTE FRAU	*aufgerichtet, ruhiger* Ich weiß es nicht. *Severin schließt ihr die Augen, nimmt sie in seine Arme, und geht an dem Begleiter vorbei, die Treppen hinunter.*

Sonntagsdienst

STEWARDESS DES PASSAGIERFLUGZEUGES LONDON—JOHANNISBURG
*kommt langsam über den schon etwas
dämmrigen Gang der Nervenklinik und
klopft an der Tür des Assistenzarztes*
Guten Abend.

ARZT   Ist es schon so spät? Ich dachte, es wäre –
der Vormittag ging heute so unvermittelt
in den Nachmittag über. Wer nicht ge-
zwungen ist, die Mahlzeiten einzuhalten,
könnte Tag und Nacht vertauschen!

STEWARDESS   Es geht auf vier.

ARZT   Ich hatte gerade das Fenster geöffnet, um
die Spatzen zu füttern.

STEWARDESS   Ich sah es. Ich kam den Weg vom Park
herauf.

ARZT   Aber sie waren nicht sehr hungrig. Der
Tag ist heute feucht genug, um sie ihr
Futter selbst finden zu lassen.
Gut, daß Sie kamen. Ich liebe Tage nicht,
an denen man in Dienst ist und sich außer
Dienst fühlt.

STEWARDESS   Deshalb bin ich auch hier.

ARZT   Sie lösen mich gewissermaßen von mir
selbst ab, kommen Sie! Setzen Sie sich hier
nieder. Und verzeihen Sie, ich vergaß,
mich vorzustellen: –

STEWARDESS   Ich kenne Sie.

ARZT   *munter* Vom Sehen wahrscheinlich. Es
scheint mir auch, als hätte ich Sie schon
einmal auf dem Gang gesehen. Sie warte-
ten auf jemanden.

STEWARDESS	Ich wartete auf Sie.
ARZT	Auf mich?
STEWARDESS	Es war Sonntag wie heute und Sie hatten Dienst. Ein hellerer Tag. Dann wurden Sie gerufen. *Zögernd.* Es ist schade.
ARZT	*ungeduldig* Jetzt fanden Sie mich.
STEWARDESS	Es war besseres Flugwetter damals.
ARZT	Sie sind die Patientin, die mir überwiesen wurde. Für heute um vier Uhr bestellt? *Er sieht auf die Uhr.*
STEWARDESS	Ich tue Dienst auf der Linie London–Johannisburg.
ARZT	Da liegt unsere Stadt etwas ab.
STEWARDESS	Sie liegt auf meiner Linie.
ARZT	Unsere Klinik wiederum liegt weit entfernt vom Flugfeld.
STEWARDESS	Ich komme leicht her. Zu dieser Stunde –
ARZT	Es ist noch nicht vier.
STEWARDESS	Und in dieser Höhe.
ARZT	In welcher Höhe?
STEWARDESS	Des Augenblicks, in dem Sie das Fenster aufstoßen und sich dienstfrei fühlen, ohne es zu sein.
ARZT	Wie hoch ist dieser Augenblick?
STEWARDESS	In der Höhe des Atlantik. Vielleicht viertausend über dem Spiegel.
ARZT	Das ist nicht sehr genau.
STEWARDESS	*eifrig* Ich könnte es Ihnen auch genauer angeben. Nach Breitengraden –
ARZT	Danke. Mir ist der Augenblick zu unnütz, und die Wolken über dem Infektions-

	pavillon ziehen mir zu schnell. Der Himmel hier: bald hoch, bald niedrig. Die Sonne: bald als schiene sie und bald, als schien sie nicht.
STEWARDESS	Der Höhe nach auf Tausendstel genau.
ARZT	Zu unnütz für so viel Genauigkeit.
STEWARDESS	*dringender* Southampton ist passiert, seit einer halben Stunde –
ARZT	*für einen Augenblick lächelnd* Da landen wir wohl nicht mehr?
STEWARDESS	*schüttelt den Kopf.*
ARZT	Bemühen Sie sich nicht weiter. Ich werde hier noch einige Jahre arbeiten. Und nicht einmal die Spatzen, die ich füttere, erkennen mich dann wieder.
STEWARDESS	Es ist alles feststellbar.
ARZT	Was nützt mirs, wenn ich selber nichts mehr feststelle?
STEWARDESS	Deshalb.
ARZT	Was wollen Sie?
STEWARDESS	*unruhig* Ich bin noch nicht lange im Dienst.
ARZT	Ängstigen Sie sich?
STEWARDESS	Seit kurzem.
ARZT	Wie lange ist es her?
STEWARDESS	Seit dem 23. August.
ARZT	Seit dem 23. August?
STEWARDESS	Ein Sonntag. Ich hatte Dienst.
ARZT	Vermutlich auch ich.
STEWARDESS	Seither ängstige ich mich jeden Sonntag, an dem ich Dienst habe.

ARZT	Sonst nie?
STEWARDESS	Nein. Und auch da nicht den ganzen Tag. Von drei bis sechs.
ARZT	Das ist verhältnismäßig kurz.
STEWARDESS	*wieder zögernd* Es ist immer.
ARZT	*freundlich* Der Vormittag, der Abend? Die Wochentage?
STEWARDESS	*schüttelt den Kopf.*
ARZT	Wie schön!
STEWARDESS	*flehend* Sie wissen, was sonntags von drei bis sechs bedeutet. Wie lang es schon bis vier ist.
ARZT	Was hilft es Ihnen?
STEWARDESS	Wir haben dieselbe Diensteinteilung. Sonntags alle drei Wochen, manchmal auch schon nach vierzehn Tagen. Es wechselt nach einem bestimmten Plan.
ARZT	Das hatten Sie schnell heraus.
STEWARDESS	Wer Angst hat –
ARZT	Und vor dem 23. August?
STEWARDESS	Da hatte ich Zeit. Alle Werktage und auch Sonntag vormittags. Um drei Uhr stiegen wir auf.
ARZT	Hatten Sie Angst?
STEWARDESS	Nicht gleich. Aber ich bemerkte zum ersten Mal auch in viertausend Meter Höhe, daß es Sonntag war. Und daß wir keine Richtung flogen, die uns Hoffnung gab, in einen Montag hineinzukommen.
ARZT	Das kenne ich.

82

STEWARDESS	Kurz vor vier bekam ich den Auftrag, Notmaßnahmen zu ergreifen.
ARZT	Und wann –
STEWARDESS	Erst nach sechs gingen wir nieder. In einen Uferstreifen, in den Schlick. Die Maschine brannte.
ARZT	Am 23. August nach sechs –
STEWARDESS	Sie nahmen Ihren Hut und gingen stadtwärts.
ARZT	Es ist möglich. Ich erinnere mich nicht mehr.
STEWARDESS	Ich erinnere mich.
ARZT	Weshalb sind Sie gekommen?
STEWARDESS	Weil ich elf Leuten aus dem Feuer half, aber dem zwölften nicht. Ich drängte mich vor ihn.
ARZT	Seither –
STEWARDESS	Ich suchte Sie seither.
ARZT	Die Behandlung hier –
STEWARDESS	*rasch* Ich wollte Sie bitten, von drei bis sechs meinen Dienst zu übernehmen.
ARZT	Wann?
STEWARDESS	Nur an den Sonntagen, an denen Sie Dienst haben und die Spatzen füttern, an denen niemand kommt. *Als er zögert* Das ist selten für Sie, aber für mich ist es immer.
ARZT	Woraus besteht der Dienst?
STEWARDESS	Von drei bis vier aus Unruhe. Später aus Angst. Um sechs springe ich zuverlässig ein.

ARZT	*nachdenklich* Tat ich nicht schon einige Male Ihren Dienst?
STEWARDESS	Zum Teil. Jetzt bitte ich Sie.
ARZT	Und wie lange?
STEWARDESS	Bis es mir gelingt, den zwölften vorzulassen, bis ich den Augenblick gewinne und die drei Stunden aus der Welt schaffe. *Als er noch immer zögert* Bis ich dem Feuer und dem Morast begegne, frisch wie ein Kind, das aus dem tiefen Schlaf erwacht und noch die Engel sieht! Wir haben nicht umsonst dieselbe Diensteinteilung.
ARZT	*nickt ihr zu* Wir wollen sie nicht umsonst haben. *Sie ist gegangen.*

Tauben und Wölfe

MÄDCHEN	Guten Abend.
SEKTIERER	*der auf einem alten, dunklen Eßtisch Lebensmittel ordnet* Guten Abend.
MÄDCHEN	Ich bin hierher bestellt.
SEKTIERER	Haben Sie die Karte bei sich?
MÄDCHEN	Ja. Es stand ja drauf. *Sie beginnt zu suchen, kramt in ihrem Täschchen, findet die Karte endlich* Hier!
SEKTIERER	Manche vergessen sie nämlich. Das macht Umstände.
MÄDCHEN	Nein, ich nicht.
SEKTIERER	Sie bekommen ein Lebensmittelpaket.
MÄDCHEN	Ja?
SEKTIERER	Und auch etwas wollenes Zeug.
MÄDCHEN	Das ist gut. Es ist ohnehin noch kalt.
SEKTIERER	Sie hätten es schon früher haben können, aber ich bekomme die Sachen aus Kalifornien. Manchmal haben sie Verspätung.
FRAU DES SEKTIERERS	*aus dem Nebenzimmer* Wirst du mit allem fertig, Friedrich?
SEKTIERER	Mit allem.
FRAU	Und bald?
SEKTIERER	Bald.
MÄDCHEN	Ich dachte nicht, daß ich überhaupt etwas bekäme.
SEKTIERER	Unsere Zentrale ist in Kalifornien.
MÄDCHEN	Ich kenne auch in Kalifornien niemanden.
SEKTIERER	Die Auswahl trifft nicht die Zentrale.
MÄDCHEN	Ach so.
SEKTIERER	Die Auswahl treffe ich.
FRAU	Bist du bald fertig, Friedrich?

SEKTIERER	Bald.
FRAU	Eil dich, aber hetz dich nicht!
MÄDCHEN	*ängstlich* Ich kenne auch Sie nicht.
SEKTIERER	Sind Sie bedürftig?
MÄDCHEN	Doch, ja.
SEKTIERER	Das genügt.
MÄDCHEN	Aber –
SEKTIERER	*während er die Schachtel zuschnürt* Der Inhalt des Paketes ist: zwei Kilogramm Reis, drei Tafeln Schokolade, sie kann auch als Trinkschokolade verwendet werden, vier Dosen Kondensmilch, eine wollene Weste.
MÄDCHEN	Vielen Dank!
SEKTIERER	Unsere Zentrale ist in Kalifornien.
FRAU	Fertig, Friedrich?
SEKTIERER	Gleich. *Zu dem Mädchen* Meine Frau betreibt eine Geflügelfarm.
FRAU	Es geht auf drei.
SEKTIERER	Nach drei gehen wir immer hin.
MÄDCHEN	Geflügel?
SEKTIERER	Ja. Seltene Vögel: Tauben mit weißen Sporen, Fasane, alle Arten von Hühnern. Einmal hatten wir auch einen Strauß.
MÄDCHEN	Einen Strauß?
SEKTIERER	Wenn Sie Lust haben, begleiten Sie uns!
MÄDCHEN	*zögert.*
SEKTIERER	Ich denke, Sie wollen zur Straßenbahn.
MÄDCHEN	Ja.
SEKTIERER	Es liegt am Weg. *Ins Nebenzimmer* Kommst du, Leonie?

FRAU	Ich komme.
	Vor dem Haus, dann weiter auf dem
	Weg zur Geflügelfarm.
MÄDCHEN	Ich weiß noch immer nicht, wieso –
SEKTIERER	Erlauben Sie, daß ich Ihnen die Schachtel
	solange abnehme!
FRAU	Ein windiger Tag heute.
MÄDCHEN	Wenn ich auch schon öfter hier vorbei-
	gefahren bin –
SEKTIERER	Sicher mit der Bahn?
MÄDCHEN	Ja. Mit der Bahn. Und da fiel mir Ihr
	Haus auf, etwas abseits neben der Ziegelei,
	mit den weißen Vorhängen an den
	Fenstern, mit dem Zaun –
	Als die beiden andern schweigen, etwas
	hilflos – weil es so klein ist – *als die beiden*
	andern noch immer schweigen Wenn
	man vorüberfährt, sieht es aus, als ob man
	gut darin wohnen könnte, nur –
FRAU	*scharf* Nur?
MÄDCHEN	Von der Bahn sieht man den Fluß und das
	Haus. Und da meint man, man müßte
	von dem Haus auch den Fluß und die
	Bahn sehen.
FRAU	Man sieht nur die Bahn.
MÄDCHEN	Ja. *Als käme sie zu sich* Aber ich wollte
	etwas anderes sagen.
SEKTIERER	Wir biegen jetzt hier ein.
MÄDCHEN	Ich wollte fragen –
FRAU	Hier sind wir an den Kohlenplätzen.
MÄDCHEN	Ich sah Ihr Haus von der Bahn, weil ich

87

da zur Arbeit fuhr und von der Arbeit
nach Hause. Und manchmal dachte ich:
Hier ließe es sich leben. Aber es kann
ja nicht sein, daß Sie deshalb gerade mich
— *stockt* daß ich deshalb von Ihnen —
schaut seitwärts auf das Paket.

SEKTIERER   Sie sahen sicher auch die Kohlenplätze.
MÄDCHEN   *mutlos* Ja.
FRAU   Unsere Geflügelfarm liegt mitten darin-
            nen.
MÄDCHEN   *schweigt.*
FRAU   Man möchte es kaum vermuten.
MÄDCHEN   *wieder wie im Schlaf wie vorhin, als sie
            von dem Fluß sprach* Einmal sah ich eine
            weiße Taube über die Kohlenberge
            herüberfliegen. Sie kreiste eine Weile,
            beschrieb einen großen Bogen und kehrte
            wieder um. Da wunderte ich mich, ich
            dachte, wieso —
FRAU   *schnell* Sie gehörte sicher zu uns.
MÄDCHEN   Ja, wahrscheinlich.
FRAU   Sie machen es alle zu Beginn.
MÄDCHEN   Zu Beginn?
FRAU   Niemand kann sie hindern, über die
            Kohlenplätze zu fliegen und ihre Flügel
            zu beschmutzen.
SEKTIERER   Manche von ihnen fliegen sogar auf die
            andere Flußseite zu den armseligen
            Häusern dort hinüber.
FRAU   Wir können kein Netz unter den Himmel
            spannen.

88

SEKTIERER	*lacht* Es würde auch nicht lohnen!
FRAU	Später hören sie von selbst damit auf.
SEKTIERER	*ruhig* Später.
FRAU	Da merken sie, daß unsere Körner besser sind als der Kohlenstaub, der hier immerfort unter den Füßen knirscht.
SEKTIERER	Als der Sand zwischen den Dachschindeln drüben.
MÄDCHEN	*unsicher* Das kann ich mir denken, daß die besser sind.
FRAU	Ja, nicht wahr? Es ist leicht zu denken. *Schreien vom Fluß herauf.*
MÄDCHEN	Was ist das?
FRAU	Nichts.
SEKTIERER	Kinder, die auf der Zille unten spielen.
FRAU	Rangen!
1. KIND	*fern, aber deutlich* Wer fürchtet sich vor Schnee und Eis?
DIE ANDERN	Niemand!
1. KIND	Wer freut sich auf Schnee und Eis?
KINDER	Alle!
1. KIND	Wer hat Wölfe gesehen?
KINDER	Wir!
	Poltern auf Holz, als liefen sie davon, die Stimmen entfernen sich.
MÄDCHEN	Wölfe?
SEKTIERER	Sie spielen es immer unten auf der Zille.
FRAU	Sie können es nicht lassen.
SEKTIERER	Seit einmal drüben am andern Flußufer zwei Wölfe gesehen wurden.
MÄDCHEN	Wirkliche Wölfe?

SEKTIERER	Wahrscheinlich eine Luftspiegelung.
FRAU	Ein Gerücht.
SEKTIERER	Es ist auch schon lange her.
MÄDCHEN	Ich habe nie davon gehört. *Zu dem Sektierer* Aber Sie sollten mir jetzt das Paket geben – wirklich –
SEKTIERER	Sie bekommen es rechtzeitig.
MÄDCHEN	Sie tragen es schon zu weit! Nicht nur daß Sie es mir schenkten – Sie tragen es auch! Und ich weiß noch immer nicht, warum –
SEKTIERER	Sie begleiten uns dafür.
MÄDCHEN	Warum –
FRAU	Wir sind gleich da.
MÄDCHEN	Ich meine: warum überhaupt, warum gerade ich, warum gerade mir, – dieser Wind! *Streicht sich die Haare aus dem Gesicht.*
FRAU	Nur noch wenige Schritte!
MÄDCHEN	Es ist doch ein anderer Weg als der, den ich kam.
FRAU	Aber es war nicht weit von hier, daß Sie die Taube sahen, nicht wahr?
MÄDCHEN	Nein, ich glaube, es war nicht weit.
FRAU	Vielleicht war es ganz nahe.
MÄDCHEN	Vielleicht. *Unsicher* Aber das ist von oben nicht so leicht zu erkennen. Solange man nur über den Viadukt fährt.
SEKTIERER	*öffnet die Tür zur Geflügelfarm.*
FRAU	Hier sind wir.
MÄDCHEN	*klatscht in die Hände* Die schönen Vögel!

SEKTIERER	Nicht wahr?
MÄDCHEN	Fasane, Perlhühner!
FRAU	Und Tauben.
MÄDCHEN	Ja, Tauben, eine Menge.
SEKTIERER	Und andere als auf den Dächern in der Stadt, nicht wahr?
MÄDCHEN	Wie hübsch sie sind! Man möchte es nicht glauben: mitten zwischen den Lagerplätzen und Sägewerken.
FRAU	Erkennen Sie sie wieder?
MÄDCHEN	Wen?
FRAU	Die Taube, die Sie sahen.
MÄDCHEN	*lacht* Die soll ich wiedererkennen?
SEKTIERER	Wir dachten es.
MÄDCHEN	Ich sah sie nur von ferne, vom Viadukt her –
FRAU	*schnell* War es diese?
MÄDCHEN	Diese? Nein, sie hatte dunklere Flügel.
FRAU	Oder diese?
MÄDCHEN	Nein, sie hatte größere Sporen.
FRAU	Dann diese?
MÄDCHEN	Sie hatte einen Federhelm auf dem Kopf.
SEKTIERER	Größere Sporen, dunklere Flügel und einen Federhelm auf dem Kopf.
MÄDCHEN	Aber bemühen Sie sich nicht!
SEKTIERER	So ist es keine von diesen?
MÄDCHEN	Es sind genug andere hier.
FRAU	Erkennen Sie sie nicht wieder?
MÄDCHEN	Muß ich sie wiedererkennen? Genügt es nicht, daß ich sie über die Kohlenberge fliegen sah, daß ich sie von weitem sah,

	warum, warum – *ihre Stimme verwandelt sich in das Gurren einer Taube.*
SEKTIERER	Genug gefragt!
FRAU	Und um ein Haar zu viel. *Sie beginnt, die andern Vögel zu füttern.*
SEKTIERER	*öffnet die Schachtel, nimmt die Lebensmittel heraus und sperrt die Taube hinein* In Frieden! Der Himmel zählt dich mit! *Schreien vom Fluß herauf. Die Kinder haben ihr Spiel wieder begonnen, aber man versteht ihre Rufe nicht mehr.*

Hohe Warte

ERSTER ZWERG	*schlüpft aus einer der Flaschen, die neben der Gartenmauer zu einem Berg gestapelt sind.*
ZWEITER ZWERG	Nun? Wie ist es?
ERSTER ZWERG	Töne: Kla – vier – ü – ben.
ZWEITER ZWERG	*kichert* Quer durch die Gärten?
ERSTER ZWERG	Quer durch.
ZWEITER ZWERG	Und das Licht?
ERSTER ZWERG	Absinkend: heißt auch Nachmittag.
ZWEITER ZWERG	Brav gelernt! *Muß laut lachen.*
ERSTER ZWERG	Still! Bleib still in der Flasche!
ZWEITER ZWERG	*noch immer lachend, nur leiser* Gut gehorcht!
ERSTER ZWERG	Gut gehorcht. *Er besteigt einen Berg vorjährigen Laubes, legt die Hand auf die Brust, pathetisch* Geboren aus dem letzten Rest, gehorcht durch den offenen Hals, behalten für – – – *stockt, bricht ab.*
ZWEITER ZWERG	*begeistert* Behalten für!
ERSTER ZWERG	*nachdenklich* Für?
ZWEITER ZWERG	*nach der Melodie eines Kinderliedes* Behalten für, für, für! Behalten für, für, für! Behalten –
ERSTER ZWERG	*rutscht von dem Laubberg* Frag weiter!
ZWEITER ZWERG	Was macht mein Brennesselfeld?
ERSTER ZWERG	Wächst und gedeiht. Treibt Blüten, so wies in seiner Macht steht.
ZWEITER ZWERG	Und die alte Raupe?
ERSTER ZWERG	Sie schläft im Freien.
ZWEITER ZWERG	Die Kellereien und die Färbereien?
ERSTER ZWERG	Lassen den Himmel über sich wie er ist!

ZWEITER ZWERG	*unruhig* Auch die Sektkellereien?
ERSTER ZWERG	Die auch.
ZWEITER ZWERG	Und das Polizeipräsidium?
ERSTER ZWERG	Auch.
ZWEITER ZWERG	*singt wieder* Auch, auch, auch – auch, auch, auch, auch –
ERSTER ZWERG	Blau.
ZWEITER ZWERG	Auch blau, auch blau – auch, auch, auch –
ERSTER ZWERG	Still!
ZWEITER ZWERG	Still? *Nachdenklich* Wieviel Fragen bleiben mir noch?
ERSTER ZWERG	Sieben.
ZWEITER ZWERG	Zuviel!
ERSTER ZWERG	Drei.
ZWEITER ZWERG	Zuwenig!
ERSTER ZWERG	Sieben oder drei.
ZWEITER ZWERG	*listig* Wenn ich dich wegen der Wetterwarte fragte, was sagtest du darauf?
ERSTER ZWERG	Ich sagte: die rote Bahn fährt in großer Entfernung sehr schnell daran vorbei.
ZWEITER ZWERG	Wegen der Kirchenmauer und der Leihbücherei?
ERSTER ZWERG	Dasselbe.
ZWEITER ZWERG	Aber wegen der Villenbesitzer?
ERSTER ZWERG	Ich sagte: sie bauen Lauben und züchten Rehe.
ZWEITER ZWERG	Und wegen der Weinberge?
ERSTER ZWERG	Sie fallen ab.
ZWEITER ZWERG	Das sagtest du?
ERSTER ZWERG	Kein Wort anders.
ZWEITER ZWERG	Lang – wei – lig.

ERSTER ZWERG	*ausbessernd, geduldig* Nach – mit – tag.
ZWEITER ZWERG	Wenn ich dich aber –
ERSTER ZWERG	Wenn du mich fragtest, hast du schon gefragt.
ZWEITER ZWERG	*wälzt sich zornig in der Flasche, will sie sprengen* Verpufft! Verpulvert! Verloren!
ERSTER ZWERG	Alles mit Maß.
ZWEITER ZWERG	*nach einer Weile, als er sich beruhigt hat* Wieviel Fragen bleiben mir noch?
ERSTER ZWERG	Drei.
ZWEITER ZWERG	Sieben oder drei?
ERSTER ZWERG	Drei.
ZWEITER ZWERG	*nach längerem Nachdenken* Sitzt irgendwo ein Knabe an seinem Tisch?
ERSTER ZWERG	Ja.
ZWEITER ZWERG	Sein Vater?
ERSTER ZWERG	Ist nicht zu Hause.
ZWEITER ZWERG	Seine Mutter?
ERSTER ZWERG	Auch nicht.
ZWEITER ZWERG	Seine Schwester?
ERSTER ZWERG	*schüttelt den Kopf, gibt keine Antwort mehr.*
ZWEITER ZWERG	Sein Bruder?
ERSTER ZWERG	*gibt keine Antwort.*
ZWEITER ZWERG	*dringender* Seine Großmutter, sein Großvater, sein Onkel, seine Tante, alle seine Vettern?
ERSTER ZWERG	*bleibt still.*
ZWEITER ZWERG	Wer läuft zur Telefonhütte, bekommt keine Verbindung, und mit wem bekommt er sie nicht?

ERSTER ZWERG	*still.*
ZWEITER ZWERG	Wer läßt die Tauben steigen?
ZWEITER ZWERG	Wer führt die Rehe ins Freie?
ZWEITER ZWERG	Wer färbt den Himmel ein?
ERSTER ZWERG	*still.*
ZWEITER ZWERG	Wer bricht den Bogen über dem Blick zur Stadt?
ZWEITER ZWERG	*schon halb schlafend* Ist ers?

Das neue Lied

DICHTER	*betritt den Vorgarten des Gasthauses zur ewigen Ruh gegenüber dem Hauptfriedhof einer Provinzstadt, sieht sich suchend um, geht auf das Haus zu.*
WIRTIN	*öffnet oben einen Fensterspalt, beobachtet ihn mißtrauisch, während er die Stufen zur Wirtsstube hinaufgeht, einige Augenblicke dort verweilt und wieder umkehrt. Er trägt einen dunkelblauen Gehrock, Halsbinde, und ist ohne Hut* He, Sie!
DICHTER	*legt die Hand über die Augen, schaut hinauf* Ja?
WIRTIN	Wünschen?
DICHTER	Etwas Ruhe.
WIRTIN	Ruhe?
DICHTER	Ich möchte mich ausruhen. *Er setzt sich an einen der Tische, auf denen noch Flaschen vom Vorabend stehen und zwischen denen die Spatzen lärmen. Es ist ein trüber Tag, die Straße hinter dem dunkelgrünen, holzgeflochtenen Zaun ist still.*
WIRTIN	*eine ältere Frau, das Haar flüchtig aufgesteckt, dem Anschein nach eben aufgestanden, betritt den Garten und geht auf den Tisch zu* Ausruhen?
DICHTER	Ja.
WIRTIN	Nichts zu trinken, der Herr?
DICHTER	*schüttelt den Kopf* Ein Zimmer mit einem Bett für eine Nacht.
WIRTIN	Wir vermieten hier nicht.
DICHTER	Wenn es möglich wär?

WIRTIN	Nur ausnahmsweise.
DICHTER	*blickt zur Wirtin auf* Ich kann die Stadt nicht mehr tragen.
WIRTIN	Ich glaube, ich kenne den Herrn.
DICHTER	Es kann sein.
WIRTIN	Von einem Bild her.
DICHTER	Wahrscheinlich.
WIRTIN	*sorgfältig* Im Kreise der Freunde.
DICHTER	Ja.
WIRTIN	Bei meinem Schwager hängt es.
DICHTER	So, beim Schwager?
WIRTIN	Es gibt aber von dem Herrn noch andere Bilder. Wenn der Herr der Dichter ist?
DICHTER	Derselbe.
WIRTIN	Den Gehrock kenne ich.
DICHTER	Es wäre lieb von ihr, Frau Wirtin, wenn sie mir das Zimmer für eine Nacht überließe.
WIRTIN	Für große Ansprüche reicht es nicht.
DICHTER	*schüttelt den Kopf, wischt mit dem Handrücken Laub vom Tisch.*
WIRTIN	Liegt denn der Herr nicht für gewöhnlich drüben? *Deutet mit dem Kinn zum Friedhof hinüber.*
DICHTER	*nickt.*
WIRTIN	Unter dem Obelisken neben der Aufbahrungshalle?
DICHTER	Ich kann die Stadt nicht mehr tragen.
WIRTIN	Und mir ist es immer, wenn ich nachts wach bin, als müßte es sich gut liegen, da unten.

DICHTER	Das dachte ich auch, als ich begraben wurde.
WIRTIN	Als hätt man dort mehr Ruh als bei der ewigen Ruh. *Deutet auf ihr Haus, von dem der Verputz bröckelt.*
DICHTER	*schüttelt den Kopf* Es ist eine Last.
WIRTIN	Ich habe gar nicht gewußt, daß der Herr die Stadt tragen muß.
DICHTER	Ich weiß es auch erst, seit ichs nicht mehr kann.
WIRTIN	Und hilft dem Herrn denn niemand? Es sind viele begraben worden da drüben, in den letzten achtzig Jahren.
DICHTER	Die meisten legen sich einfach darunter.
WIRTIN	Ich helfe dem Herrn, wenn ich einmal hinüberkomme!
DICHTER	Sie hilft mir schon jetzt, Frau Wirtin. *Die Erde zittert plötzlich leicht, die Flaschen klirren aneinander.*
WIRTIN	Das Zimmer für den Herrn ist unter dem Dach.
DICHTER	Mir ist alles recht.
WIRTIN	Ich beziehe die Betten frisch. *Sie geht. Während der Dichter allein im Vorgarten bleibt, beruhigt sich der Boden für einen Augenblick, beginnt aber dann stärker zu beben.*
WIRTIN	*von oben* Früher haben sie immer gewarnt, wenn drüben in den Werken gesprengt worden ist. Die warnen jetzt nicht mehr.

DICHTER	Sie darf sich meinetwegen nicht stören lassen, Frau Wirtin.
WIRTIN	*zurückkommend* Dabei wird es immer stärker. Die Sprengerei ruiniert uns das Geschäft.
DICHTER	Mich störts nicht.
WIRTIN	Das Bett ist jetzt gerichtet. *Ein größerer Erdstoß erschüttert den Boden. Sie stürzt, rafft sich wieder auf* So arg war es noch nie. Ich beschwere mich!
DICHTER	*unsicher* Vielleicht ein Erdbeben?
WIRTIN	Es ist sicher vom Werk. *Sie stutzt, sieht den Dichter aufmerksam an* Wenn es nicht – –
DICHTER	Vielleicht! *In großer Erregung* Aber wenn ich bei ihr kein Zimmer haben kann, so such ich mir woanders eins als in der ewigen Ruh.
WIRTIN	*erschrocken* Die Grabkapelle drüben, die rosa Grabkapelle hat einen Sprung! Er läuft vom Dach zum Boden, zur Erde hinunter.
DICHTER	Wie wohl er meiner Seele tut, der Sprung. *Ruhiger* Weiß sie, Frau Wirtin, wenn sie von den schwarzen Nächten weiß – weiß sie auch von dem Heiligen, der sich im Grab umdrehte, als er bemerkte, daß er begraben war? Sie haben ihn nicht heilig gesprochen, wiewohl er schon selig war. Aber ich – auf die Gefahr hin, daß ich nicht selig werde – als ich bemerkte,

	daß ich begraben bin, bin ich auf- gestanden.
WIRTIN	Der Herr darf sich nicht aufregen.
DICHTER	Weil ich der Finsternis nicht immer mit den eigenen Augen ins Gesicht schauen will.
WIRTIN	*als wieder ein Beben, diesmal leichter, vom* *Fluß her über die Stadt geht* Die Stadt stürzt ein.
DICHTER	Ich halt sie nicht mehr auf. Ich bin froh, daß ich mir die welken Kränze von der Erde gerissen habe.
WIRTIN	Demnächst sollte eine Gedächtnisfeier für den Herrn sein – da wären sie erneuert worden – Mitte Mai!
DICHTER	Dem bin ich zuvorgekommen.
WIRTIN	Anschließend hätte hier ein Abendessen stattgefunden.
DICHTER	Es tut mir leid, daß ich die ewige Ruh ums Geschäft gebracht habe.
WIRTIN	Will der Herr denn gar nie zurück?
DICHTER	*ungeduldig* Für eine Nacht. Ich will für eine Nacht in einem weißen Bett schlafen, das ist alles.
WIRTIN	Heißt das für immer, wenn der Herr sagt: Für eine Nacht? *Als der Dichter* *keine Antwort gibt* Ich sollt nur in den Keller schauen, wenns der Herr erlaubt, ob die Fässer nicht laufen.
DICHTER	Der Herr erlaubts. *Sie geht, während das* *Beben der Erde jetzt stetig und ruhig anhält.*

WIRTIN	*zurückkehrend* Ich glaube, daß es heute wieder oben vom Fluß her kommt und nicht vom Werk.
DICHTER	Stehen die Fässer noch, wie sie waren?
WIRTIN	Wie sie waren. *Zögernd, noch etwas atemlos* Aber es ist ja nicht nur wegen dem Geschäft und der ewigen Ruh, es ist ja wegen der Stadt!
DICHTER	*trommelt mit den Fingern auf den Tisch* Wegen der Stadt – der Stadt!
WIRTIN	Der Herr muß sich erst beruhigen!
DICHTER	Sie hat leicht reden, Frau Wirtin!
WIRTIN	*ruhig* Der Herr weiß ja, wenn eins leichter reden hat als das andere, so ist es auch nie für lange.
DICHTER	*will auffahren.*
WIRTIN	Wenn der Herr sich beruhigt, wird er auch die richtige Entschließung treffen.
DICHTER	Die ist getroffen.
WIRTIN	Jetzt kommt die Sonne hervor, da schauen selbst die Sprünge im Boden und in der Grabkapelle freundlicher aus!
DICHTER	Die sind überhaupt noch das Freundlichste. Aber die ungesprungenen Grabkapellen, die ganzen Häuser, die verschlossenen Gräber – das ist was Unfreundliches.
WIRTIN	Wenn man Enkel in der Stadt wohnen hat, und die Schwester in der Siedlung verheiratet, lernt mans ertragen.
DICHTER	Oder am Sonntag die Stunde kurz nach Mittag, wenn die Hähne zwischen

	den Häusern zu krähen aufhören, und beim hellen Licht der Himmel über der Erde zugeht, wie über einer Schachtel, wo Küken drin sind. Aber ohne Luftloch.
WIRTIN	Für unsereinen –
DICHTER	*wieder ruhiger* Früher war alles ganz anders. Ich will gar nicht von meinen Lebzeiten reden, aber noch kurz danach –
WIRTIN	Die ewige Ruh ist auch schon gestanden damals. Der Name war nur anders und ein Teil vom Haus, die Grundmauern waren dieselben. Mein Großvater selig –
DICHTER	Das mein ich nicht.
WIRTIN	Die Grabkapelle hat einen andern Anstrich gehabt, aber sonst –
DICHTER	*zornig* Sonst, sonst! Das ist es eben. Aber sie will mich nicht verstehen, Frau Wirtin!
WIRTIN	Weil ich nicht weiß, was für einen, der unter der Erde liegt, von gestern auf heut anders geworden ist.
DICHTER	Die Erde war noch anders, Frau Wirtin, die Erde! Krümeliger und doch halt- barer für die gespreizten Finger, fester und doch viel lockerer auf der Brust, und für den ganzen Dichter da unten eine finstere Landkarte von den hellen Fel- dern. Eine bessere Hilfe für die Erinnerung.
WIRTIN	*wirft einen Blick auf die Erdrisse* Sie ist jetzt still, die Erde.
DICHTER	Der ist nicht zu trauen.

WIRTIN	Wenn der Herr jetzt sein Zimmer besichtigen will?
DICHTER	*stützt sich auf den Tisch und steht schwer auf* Vielleicht auch, daß ich mich aufs Bett lege.
WIRTIN	Freilich. Der Herr ist das Liegen gewöhnt.
DICHTER	Ich hätt mirs nicht gedacht, daß mir so schnell wieder danach zu Mut sein könnt.
WIRTIN	Das glaubt man nicht.
DICHTER	Mir kommt die Erinnerung, daß mir das Treppensteigen schon zu meinen Lebzeiten nichts Angenehmes war. *Wehrt die Wirtin ab, die ihm unter den Arm greifen will* Was fällt ihr ein, Frau Wirtin? Weiß der Himmel, ich bin froh, wenn mir überhaupt eine Erinnerung kommt. Es ist wie in der allerersten Zeit, nachdem ich begraben war. Jubeln könnt ich! *Sie haben die Mansarde erreicht.*
DICHTER	*streckt sich gleich aufs Bett* Wie wohl das tut!
WIRTIN	*öffnet das Fenster* Daß der Herr auch Luft bekommt.
DICHTER	Sie ist ein Engel, Frau Wirtin!
WIRTIN	Ich hör die Feuerwehr blasen.
DICHTER	Mein guter Engel.
WIRTIN	Der Herr muß schlafen jetzt!
DICHTER	Singen möcht ich. Luft, Luft! Keine Erde mehr auf mir! Die Stadt reimt sich mir wieder, seit ich sie nicht mehr tragen muß.

WIRTIN	Noch immer die Feuerwehr!
DICHTER	Zu meiner Zeit war der erste Ton tiefer, ein Halbton – aber es kann auch an der Trompete gelegen sein.
WIRTIN	Mich ängstigts.
DICHTER	*jubelnd* Alles kommt mir wieder!
WIRTIN	Vielleicht, daß etwas eingestürzt ist, drinnen in der Stadt.
DICHTER	Der schöne Himmel und der Wind darauf.
WIRTIN	Wenn die Schwiegertochter zum Einkaufen geht, sind die Enkel allein.
DICHTER	Die rosa Wolke drüben!
WIRTIN	*abwesend* Die ist vom Werk; wo früher die Audörfer mit den Primelwiesen waren.
DICHTER	Ich nehms ins Lied. Als Morgenröte! Das ist mir jetzt ein Leichtes, die Angst ist weg.
WIRTIN	Wenn ich nachschauen könnt, ob nichts geschehen ist. Wenn ich nur in die Stadt schauen könnt! Aber ich kanns nicht, ich bin allein.
DICHTER	Schau sie nur zu den Enkelkindern, Frau Wirtin, ich bleib solange hier. Und wenn ich unten auf dem Vorplatz die Schritte von einer Trauergesellschaft hör, geh ich gleich hinunter und frag, was ihr gefällig ist. Den Wein find ich, solang die Fässer stehen, die Gläser find ich auch. Den Wirten spiel ich lieber als den Dichter.

WIRTIN	*unschlüssig* Wenn der Herr meint?
DICHTER	Es war immer mein Wunsch. Mein Groß-vater hat eine Bierwirtschaft gehabt, in einem von den Dörfern am Fluß unten.
WIRTIN	Dann richt ich mich soweit, daß ich schnell wieder da bin. Ich sperr das Haus ab, sodaß es auch nichts weiter ausmacht, wenn der Herr einschläft –
DICHTER	Mein Gott, wenn ich an den Geruch im Flur denke! Und an die Fenster von der Gaststuben, wo man von außen, von der Straße durch hat bis aufs Wasser schauen können.
WIRTIN	Oder wenn der Herr wieder ins Sinnie-ren gerät, ins Dichten, so macht es weiter nichts. Und nur wenn eine größere Gesellschaft kommt, daß er sie so lang hinhält, bis ich wieder da bin. *Die Erde kommt wieder leicht ins Rütteln.*
DICHTER	Sei sie ohne Sorge, Frau Wirtin!
WIRTIN	Ich laß dem Herrn einen Schlüssel da. Damit kann er ganz nach eigenem Er-messen –
DICHTER	Ich wollt immer schon ein Wirt sein.
WIRTIN	*unruhig* Es rüttelt wieder!
DICHTER	Die Lieder kommen einem leichter, wenn man die Gäste erwartet, als wenn man mit gekreuzten Armen unten liegt.
WIRTIN	Ich gehe jetzt.
DICHTER	Frau Wirtin!

	Sie geht hinunter.
DICHTER	Frau Wirtin!
	Ihre Schritte entfernen sich.
DICHTER	*steht seufzend auf, beugt sich aus dem Fenster* Frau Wirtin!
WIRTIN	*im schwarzen Hut, auf dem Weg zur Stadt* Ja?
DICHTER	Wenn sie mir noch schnell sagt, wo Papier und Feder liegen?
WIRTIN	Der Herr kann sich die Kassenzettel aus dem Schreibtisch nehmen.
DICHTER	Das Lied nämlich –
WIRTIN	Ein Bleistift liegt auch dort.
DICHTER	Das zweite, das endgültige –
WIRTIN	*eilig, schon entfernt* Der Herr wird alles schon finden.
DICHTER	Eins, das vom gegenwärtigen Atemzug lebt, nicht von der Erinnerung, oder gar, was wir so heißen: von der Erinnerung an die Erinnerung: von dem Klumpen Erde auf den knochigen Handtellern, von der mir meine arme Seele sagt: ›aus ihr waren die Berge im ersten Lied, die Flußufer, die du hineingebracht hast, die Straßen, auf denen deine Sonne spielt!‹ Wie schnell sie abtrünnig werden, die armen Seelen; wie rasch sie sich gleich für die Erd ereifern können: ›Halt sie, halt sie zusammen! Gib zu, daß sie sich statt der Vernunft in deine Schädelhöhle legt und statt dem Herzen unter deine Rippen.

Gib zu, daß du vergißt und daß dein
Lied die alte Stadt trägt bis zum unsicht-
baren Wall – und deine Knochen die
neue!‹ *Zornig* Laß zu, gib zu, in alle
Ewigkeit, gib zu!
Er hat sich immer mehr in Eifer geredet,
beugt sich aus dem Fenster und läßt sich
den Wind um den Kopf blasen. Ruhiger
Viel hat sich nicht geändert, da hat die
Frau Wirtin recht. Den Friedhof haben sie
vergrößert, das ist wahr, rechts am Rand
stehen ein paar hohe Türme, die nicht
wie Kirchtürme aussehen, und über dem
Pfennigberg fliegt ein Vogel, der größer
als ein Geier ist. Aber die meisten Wolken
sind noch die gleichen – nur die über den
Audörfern: das schaut nach Feuer aus.
Entschlossen Euch zähm ich leicht, euch
bring ich leicht ins Lied!
Er öffnet die Tür und betritt, vor sich
hinsummend, das finstere Stiegenhaus,
tappt die Treppe hinunter und öffnet die
Tür zum Schankzimmer Hier also, hier
soll ich meine Unschuld wiederbekom-
men, hier soll ich wahrhaft unsterblich
werden!
Er reißt die Lade des Schanktisches auf,
findet Kassenzettel und Bleistift Die
werden staunen, die von der Gedächtnis-
feier, die mit den frischen Blumen. *Setzt*
sich hinten an einen der Tische Die auf

Mitte Mai! Aber ich hätte mirs auch nicht
gedacht, daß ich auf Ende März schon
unsterblich werde, daß es so schnell geht –
schneller als der Graswuchs und die
Baumblüte – daß mir die Luft so leicht
wird. *Er setzt die Feder zum Schreiben
an.*
*Infolge eines leichten Erdstoßes beginnen
die Gläser auf dem Wandbrett zu klirren.*
Stoß zu! *Er setzt die Feder wieder an.*
Schritte auf dem Kiesplatz.

KNABE   Ist das die ewige Ruh, Vater?
VATER   Ja, das ist sie.
KNABE   Wo die Schwester drin liegt?
VATER   Die ist auch nicht weit.
KNABE   Die schaut aber still aus, die ewige Ruh.
VATER   Die wird gleich besser ausschauen, wenn
           dein Himbeerwasser auf dem Tisch
           steht. He Wirtin! *Zu dem Kind* Man muß
           oft warten hier.
KNABE   Ja.
DICHTER   *der sich erhoben hat und über die Tische
           durch das Fenster in den Garten schaut*
           Größere Gesellschaft ist das keine. *Er geht
           auf den Fußspitzen und mit dem Bleistift
           in der Hand hinter dem Tisch hervor
           zum Fenster, öffnet es leise um einen
           Spalt.*
VATER   Wirtin!
DICHTER   *für sich* Da fühl ich mich nicht verpflichtet.
VATER   Sie ist alleinstehend, die Frau

DICHTER	Wenn mir grad ein Vers im Kopf wachst.
VATER	Die hat viel auf sich.
KNABE	Ist das dieselbe ewige Ruh, wo du oft herkommst, Vater?
VATER	Zweimal im Jahr, für gewöhnlich.
KNABE	Wo du bei dem Gedächtnisverein bist?
VATER	Ja.
KNABE	Von dem berühmten Mann?
VATER	Ja, von dem Dichter.
DICHTER	*noch immer am Fenster* Dann erst recht nicht.
VATER	Der liegt mit deiner Schwester in derselben Reih.
KNABE	Das wird die Schwester trösten!
VATER	Wir gehen dann aufs Grab, wenn du dein Himbeerwasser gehabt hast.
KNABE	Und wenn du dann die Ansprache hältst, Vater, im Mai –
VATER	*stolz* ›Der tote Dichter.‹
KNABE	Dann trägts der Wind zu ihr!
VATER	Ja.
DICHTER	Ich geh jetzt nicht hinaus.
KNABE	Die Erdstöß waren auch hier, Vater!
VATER	Ja.
KNABE	Das macht die Luft so trocken.
DICHTER	Ich kanns nicht.
KNABE	Ich bin durstig, Vater!
VATER	*laut* Frau Wirtin!
DICHTER	Wenn ich jetzt hinausgeh, muß ich mich unterhalten. Ich muß mich vielleicht zu

	erkennen geben. Das nimmt Ausmaße an, die mir das Lied verjagen.
VATER	Ich schau ins Haus!
DICHTER	Mein Lied! *Schleicht an seinen Tisch zurück.*
VATER	Das ist versperrt. *Geht auch zu seinem Tisch im Garten zurück* Da ist gar niemand drinnen.
DICHTER	*wieder an seinem Tisch* Jetzt hab ichs!
KNABE	*enttäuscht zum Vater* Deshalb kommt auch niemand.
DICHTER	*setzt den Bleistift wieder an* Jetzt schreib ichs.
VATER	*zum Kind* Dann gehen wir zuerst aufs Grab und kommen später wieder.
DICHTER	Das ist gegen den Durst und ist auch gegen den Hunger! Das ist gegen die Unwissenheit und auch gegen die Traurigkeit, das ist gegen alles. *Er beginnt zu schreiben.* Das hilft euch mehr!
KNABE	*schon im Gehen zum Vater, geduldig* Ja, später.
	Durch einen neuen Stoß öffnet sich die Erde unter dem Kies und nimmt den Knaben mit dem Vater auf. Die Bänke und Tische werden weggehoben, die Flaschen fallen herunter. Im Keller beginnen die Fässer zu rinnen, in der Hauswand sind Sprünge entstanden. Der Dichter rafft sich auf, stürzt zur Tür.
WIRTIN	*betritt vom Weg her, über Gruben und*

	Steine durch eine Lücke in dem aus dem Boden gerissenen Holzzaun, den Vorgarten, atemlos Ich bin gar nicht in die Stadt gekommen.
DICHTER	Nein?
WIRTIN	Beim ersten Erdstoß, beim schwachen, bin ich umgekehrt, und jetzt –
DICHTER	*verwirrt* Ja.
WIRTIN	Jetzt bin ich da.
DICHTER	Ich geh schon.
WIRTIN	Ist der Herr denn gar nicht gelegen?
DICHTER	Nein, ich bin gleich wieder aufgestanden. Aber jetzt leg ich mich nieder. *Versucht vorsichtig über Schindeln und Steine an den Ausgang zu kommen.*
WIRTIN	Überleg sichs der Herr noch!
DICHTER	Ich leg mich nieder jetzt.
WIRTIN	*mitleidig* Laß er sich Zeit!
DICHTER	*schüttelt den Kopf.*
WIRTIN	*dringender* Laß er sich Zeit, der Herr. Vielleicht liegts gar nicht an ihm, vielleicht hat das alles eine ganz andere Ursach, vielleicht kommt es vom Werk!
DICHTER	Am besten, ich leg mich wieder unter die Erde, damit ich Gewißheit bekomm; es war immer das sicherste Mittel.
WIRTIN	Es kann leicht sein –
DICHTER	Wenns überhaupt eins gibt!
WIRTIN	Es kann leicht sein, daß etwas explodiert ist drüben. Oder daß die Erdstöß

	Gründe haben, von denen unsereins gar nichts ahnt.
DICHTER	Die wissen dann nur die Engel am Jüngsten Tag. Und da ists fraglich, ob sie damit herausrücken.
WIRTIN	Der Herr könnt leicht hier bleiben für eine Weile; er könnt mir eine große Hilfe sein, wenn er mit seiner Phantasie die Gäste unterhält, solang ich ausschenk, oder wenn er ausschenkt, solang ich aus bin.
DICHTER	Ich taug nicht zum Wirten, Frau Wirtin.
WIRTIN	Der ewigen Ruh wär schon zu helfen.
DICHTER	Ich helf ihr besser auf, wenn ich mich niederleg. Der Gedächtnisverein –
WIRTIN	Der Gedächtnisverein könnt auch zum Andenken an die Lebendigen zusammenkommen –
DICHTER	*schüttelt den Kopf.*
WIRTIN	Er könnt öfter tagen als zweimal im Jahr!
DICHTER	Das glaubt sie selber nicht.
WIRTIN	Wenn der Herr manchmal eine kleine Ansprache hielt –
DICHTER	Da nähm ich vielen ihre große aus dem Mund.
WIRTIN	*hat ihren Hut abgenommen, ist an den Rest ihres Zauns getreten* Und wenn er nur dazwischensäß in seinem dunklen Rock, der Herr –
DICHTER	Das möcht sie kränken und mit Recht, ich sag ihr schon, Frau Wirtin –

WIRTIN	Und da und dort ein Glas ausschenkt!
DICHTER	Ich schenk nicht aus. Solang ich noch im Schanktisch die letzten Rechenzettel find, und Staub am Boden, in den ich meine Finge tauche, kann ichs nicht lassen, Worte zu machen.
WIRTIN	Nur da und dort ein Glas, damit sie merken, daß er sich ihresgleichen fühlt, der Herr!
DICHTER	Das merken sie leichter, wenn ich meine Knochen zwischen die ihren leg.
WIRTIN	*streicht das Haar aus dem Gesicht* Ich bleib ganz allein.
DICHTER	Helf sie mir die Probe aufs Exempel machen, Frau Wirtin, die eine Probe auf die vielen Exempel! Denk sie an ihre Enkel, an die ganzen Häuser, an die ganze Stadt – bei aller Gottverlassenheit, die der Gedanke hat, und grad deshalb. Laß sie mich gehen!
WIRTIN	Dann wünsch ich dem Herrn seine Ruh.
DICHTER	*sich entfernend* Und ich wünsch der ewigen Ruh ihr Gedeihen! *Er ist jetzt auf den Weg gelangt, verschwindet in der Friedhofsrichtung.*
KNABE	*der aus der Grube gestiegen ist und dem Vater herausgeholfen hat* Da ist die Wirtin, Vater!
VATER	Ja.
KNABE	Wenn ich jetzt ein Himbeerwasser haben könnt?

VATER	Das ist jetzt meine geringste Sorge!
WIRTIN	*ruhig* Er bekommt schon eins.

Nicht vor Mailand

SOLDAT	*der hoch oben in der Fensterhöhle einer ausgebrannten Wand lehnt* Ich höre immerfort das Geflüster der Obersten hinter mir. Sie auch? Hören Sies nicht?
PUBLIKUM	*schweigt.*
SOLDAT	*läßt sich zwei Stockwerke hinunter* Hier wars. *Er klettert wieder ein Stockwerk hinauf* Nein, hier! *Er schwingt sich schräg nach oben, lehnt jetzt in einer Höhle, die ehemals aus mehreren Fenstern bestand.* Hier war es auch nicht.
PUBLIKUM	*schweigt.*
SOLDAT	Wie grau der Himmel ist, von Krähen gut gesättigt. So daß man Angst bekommt, er könnte wieder grün werden. *Etwas gespreizt* Und in die Weiten weisen.
OBERST	*taucht in einer Fensterhöhle auf der andern Seite der Wand auf* Mich hat er in die Weiten gewiesen.
SOLDAT	*erleichtert* Da ist einer!
OBERST	*fast ohne Stimme* Über die Türme der Seeheiligen hinweg. Mir war er grün. *Ruhig* Ich war damals ein Knabe.
SOLDAT	Ein Knabe war ich nie.
OBERST	Schade.
SOLDAT	Ich bin auch nicht vor Mailand gefallen.
OBERST	Das soll eine sehr schöne Stadt sein.
SOLDAT	Was tuts? Wir sind jetzt hier.
OBERST	*seufzend* Ja. Aber man könnte mehr gemeinsam haben.
SOLDAT	Ich bin gerne hier.

JEMAND AUS DEM PUBLIKUM *lacht.*

SOLDAT Wer hat gelacht?

MANN *mit einem schwarzen, glänzenden Hut, langem Mantel und Regenschirm, hebt die Hand* Ich.

SOLDAT *unaufmerksam* Ach so. *Zum Obersten gewandt* Wo waren wir?

OBERST Vor Mailand.

SOLDAT Das gibt nicht viel her.

OBERST Nicht viel, nein. Aber es ist warm hier oben.

SOLDAT Wärmer als man meint.

MANN Uns friert hier unten!

EINE DICKERE FRAU *auch in Schwarz, ist drohend aufgestanden* Ja, uns friert!

SUSANNE *im weißen Kleid, erscheint in einer der tiefer gelegenen Fensterhöhlen, bleibt dort wie in einem Rahmen und ohne sich aufzustützen* Ich seh die Schwäne durch meines Vaters Haus ziehen.

SOLDAT Was sagt sie?

MANN Sie sieht die Schwäne.

SOLDAT Da hören Sies!

SUSANNE Ganz sicher. Durch meines Vaters Haus. Die Bohlen krachen, wenn sie darüber schwimmen.

SOLDAT *schüttelt den Kopf.*

SUSANNE *verträumt* Sie schlagen mit den Flügeln, wo es immer geht. Das gab ihnen der Spruch auf unserm First ein.

SOLDAT Wie heißt der Spruch?

SUSANNE	Vergessen. Es sind auch die geschlossenen Flügel für die Bohlen noch viel schwerer.
OBERST	*schläfrig* Sehr interessant.
SUSANNE	Es stehen alle Türen weit auf vor ihnen, *lauter, fast exaltiert* die Pappelbäume neigen sich hinein und machen ihnen Wind, nein Sturm, der halbe Mond steigt drauf, ach, alle diese Treppenhäuser und die Geländer, Säulen unterm Dach –
SOLDAT	*gleichgültig* Die Ulmen, Firstspruch –
SUSANNE	Und Schwanenspruch, wir teilen uns die Welt!
SOLDAT	Ja, alles halb.
SUSANNE	Ich seh die Schwäne durch meines Vaters Haus ziehen! *Sinkt zusammen, verschwindet.*
SOLDAT	Die Schwäne.
SUSANNE	*taucht noch einmal auf, das Haar wirr, das Kleid zerknüllt* Durch meines Vaters Haus, jawohl, sie tragen Kindersachen auf ihren Rücken und soviel als möglich, so schwimmen sie dahin, weit fort im Kreis und immer durch alle Zimmer und kommen unter der Brücke doch nicht durch. Jemand gab ihnen ein Versprechen, es hieß –
SOLDAT	*übermütig* Süden!
SUSANNE	Es hieß Norden.
SOLDAT	Der blieb Ihnen nicht treu.
SUSANNE	Nein. Einmal hörten sie, wie sieben Leute füsiliert wurden. Ziemlich nahe.

SOLDAT	Wer verdenkt es ihnen?
SUSANNE	Da kamen sie ins Haus. Meine Mutter im weißen Kleid gab ihnen Brotbrocken, es war ein finsterer Morgen.
FRAU	Was solls?
SUSANNE	*etwas hilflos* Darum seh ich die Schwäne.
SOLDAT	Ach ja, eine weiße Familie.
MANN	*drohend* Aber Sie?
SOLDAT	Ich höre immer noch das Geflüster der Obersten hinter mir. Es ist um nichts schwächer geworden.
OBERST	*der etwas geschlafen und sich erholt hat, mit Behagen* Ich weiß noch, wie mir mein seliger Vater von den Seeräubern erzählte, die an den warmen Tagen von Norden kommend quer über die flachen Äcker zur Kirche trieben, um die Choräle zu stärken.
SOLDAT	Damals war ich noch nicht geboren.
OBERST	Sicherlich nicht.
SOLDAT	Aber es kommt jetzt Wind auf, spüren Sies?
MANN	Er heult durch alle Löcher.
SOLDAT	Wenn das nicht der Schwanenwind ist, der Wind, der vor den Märtyrern herweht, der Sichelwind über die Äcker, die schon mit Flaum bedeckt sind, was singen sie –
FRAU	*erstickt* Was singen sie? *Der Gesang der Märtyrer.*
OBERST	Man versteht nichts.
SOLDAT	Nein, aber es ist um alle Türme, um den St. Nikolausturm und um den Lukas-

	turm, um die Tore der Seeheiligen und die Dreikönigstore, wenn es nicht vom Norden kommt, so kommt es sicher vom Süden, es dreht und wirbelt, es sind Federn über der verbrannten Stadt –
FRAU	Man kriegt sie in die Nasen! Ich hab auch meinen Kinderwagen mit, noch von meinem Ältesten, aber der ist dreißig, und er war dabei. Sie haben ihn an eine Eiche geknüpft, da hing er lange.
MANN	Der meine fiel an einer Mauer nieder, so! *Er zeigt es, ist durch seinen Schirm etwas behindert.* *Der Gesang der Märtyrer.*
SUSANNE	*ist wieder aufgetaucht, schrill* Ihr lieben Schwäne, flattert jetzt ruhig hinauf, wir wollen unsern Eßtisch wieder zum Essen haben!
PUBLIKUM	*beginnt zu murren.*
SUSANNE	Und das Spielzeug zum Spielen, die Weide, um darunter ein Tuch zu breiten und Teller, Gabeln, Messer –
SOLDAT	Messerchen.
SUSANNE	Und die Brücke zum Steinewerfen, ja! *Der Gesang der Märtyrer, stärker.*
SUSANNE	Und mein lieber Vater geht wieder durch sein Haus.
OBERST	Mir dröhnt es in den Ohren, ich habe mir da unten eine Lagerstatt bereitet aus Heu, *er gähnt* liebe Kinder, meine lieben Kinder –

SUSANNE	Bring was vom Zoo mit, Vater!
OBERST	Ach, ich sah Wölfe durch den blendenden Schnee traben, und nicht nur einmal.
SUSANNE	Guter Vater!
OBERST	*gähnt.*
SUSANNE	*nach hinten weisend* Ist das nicht viel zu laut?
OBERST	Ja, viel zu laut! Gute Nacht, mein Lieber. Vielleicht können wir gelegentlich wieder über Mailand – über Mailand, das sehr schön sein soll, vielleicht auch über Orléans – über Gotha, ich verweise auf mein Heulager – man wecke mich rechtzeitig –
SUSANNE	*zeigt zum Himmel, aufgeregt* Die Schwäne, die Schwäne, jetzt fliegen sie fort! *Erschöpft* Ich seh die Schwäne aus meines Vaters Haus ziehen, und alle Türme werden weiß von ihnen. *Sie stürzt vom Fenster.*
DIE DICKE FRAU AUS DEM PUBLIKUM	He, ihr da oben!
DER MANN MIT DEM SCHIRM	Gefälligst!
FRAU	Man wartet hier im Regen.
SOLDAT	*ruhiger* Ich höre jetzt nichts mehr. *Der Soldat bleibt aufrecht im Fenster.*

Weiße
Chrysanthemen

GENERAL	*ein alter Mann* Wir sollten Kohlen bestellen.
GENERALIN	Ich warte auf die Frau, die mir die Blumen bringt. Weiße Chrysanthemen für die Gräber. Ich habe eine neue Blumenhandlung entdeckt, nicht groß, aber anständig. Sie kommen ins Haus.
GENERAL	Weiße Chrysanthemen?
GENERALIN	Ja, für die Gräber.
GENERAL	Hier wird an alles gedacht: weiße Chrysanthemen für die Gräber, Birnen, um sie einzulegen, Federn für die Kissen, sie müssen neu aufgefüllt werden!
GENERALIN	Ich verstehe dich nicht.
GENERAL	Alle werden bestellt: Äpfelfrauen, Birnenfrauen, Blumenfrauen. Alle, um abzulenken.
GENERALIN	Wovon?
GENERAL	Von den Männern, die die Kohlen bringen sollen. Jedes Jahr werden bei uns die Kohlen zu spät bestellt, immer versäumen wir den Stichtag und bezahlen zu teuer. Und wenn es auf dich ankäme: es würden überhaupt keine Kohlen bestellt.
GENERALIN	Erst seit der Kohlenladen von dieser Frau übernommen wurde; ich habe eine Abneigung gegen sie.
GENERAL	Von der Frau übernommen?
GENERALIN	Ja. Der Mann ist gestorben.
GENERAL	Das wußte ich nicht.
GENERALIN	Ein anderer Laden ist nicht in der Nähe.

GENERAL	Ich gehe jetzt hin. Ich kenne weder die Frau noch den Mann gut, aber ich will es warm haben, wenn der Winter kommt.
GENERALIN	Beruhige dich!
GENERAL	Und ich will spazierengehen. Ohnehin dachte ich gerade über ein Ziel nach.
GENERALIN	Außerdem ist heute Sonntag.
GENERAL	Sonntag? Und deine Blumenfrau?
GENERALIN	Sie kommt eben auch sonntags. Das ist es.
GENERAL	Ja? Fahren nicht die Taxis auch sonntags? Weshalb nimmst du keins, läßt dich zur Bahn fahren und kommst zu Fuß zurück? Weshalb nicht? Das wundert mich! Hätten die Kindergärten heute offen, ich glaube, du würdest zehn kleine Kinder anmelden, die es gar nicht gibt. Nur aus Sympathie. Aber die Kohlen bestellst du nicht. Weil sonntags nicht auf ist oder weil dir die Frau nicht gefällt.
GENERALIN	Weil mir die Frau nicht gefällt. Aber morgen gehe ich hin.
GENERAL	Morgen zahlen wir teurer, morgen ist der Stichtag vorbei. Heute ist Winter, heute schon, hörst du! *Es klingelt draußen.*
GENERALIN	*erregt* Das wird die Blumenfrau sein. *Sie geht hinaus, um zu öffnen.*
GENERAL	Weiße Chrysanthemen!
GENERALIN	*die zusammen mit der Blumenfrau wieder eingetreten ist* Das ist die nette, freundliche Blumenfrau, mein Lieber, von

	der ich dir erzählte. Und ob dus glauben willst oder nicht, du siehst ja jetzt: sie kommt auch sonntags! Sie kommt ins Haus. Bis in den vierten Stock.
GENERAL	Diese Menge!
BLUMENFRAU	Weiße Chrysanthemen.
GENERAL	Ich erwartete nichts anderes.
GENERALIN	Das ist recht, meine Liebe, das ist schön, was Sie uns da bringen! Das wird den Gräbern erst das rechte Ansehen geben.
GENERAL	Unsere Gräber hätten ohnehin das rechte Ansehen, auch ohne Chrysanthemen. Auch, wenn nur der grüne Rasen darüber wäre, auch wenn nur die bloße Erde –
GENERALIN	Aber so haben sie mehr von dem rechten Ansehen.
GENERAL	*zornig* Genug jetzt.
BLUMENFRAU	Darf ich die Blumen hier abstellen? *Deutet auf eine dunkle Ecke des Raumes.*
GENERALIN	Freilich, meine Beste. *Verzückt* Wie sie leuchten!
BLUMENFRAU	Ja, schön sind sie. Aber zu warm sollen sie es auch nicht haben.
GENERAL	Nein, zu warm haben sies nicht.
GENERALIN	Dafür sorgen wir schon.
BLUMENFRAU	Sonst verbürgen wir uns nicht dafür, daß sie am Stichtag für den Blumen-schmuck den Glanz noch haben.
GENERAL	An welchem Stichtag?
GENERALIN	*strahlend* Für den Blumenschmuck.
GENERAL	St. Valentin?

GENERALIN	Nein! Verstehe doch recht, Lieber: der Stichtag für den Blumenschmuck.
GENERAL	Das überrascht mich.
GENERALIN	Nicht wahr?
GENERAL	Er fällt mit dem für die Kohlen zusammen.
GENERALIN	Er ist nicht jedes Jahr, nur alle – *Sieht fragend zur Blumenfrau hinüber.*
BLUMENFRAU	Alle siebzig, achtzig Jahre.
GENERALIN	Deshalb weiß auch nicht jeder davon.
GENERAL	Nein. Die mit fünf Jahren sterben, nicht.
GENERALIN	Und deshalb dachte ich –
GENERAL	*scharf* Was?
GENERALIN	Daß wir ihn nützen sollten. Daß wir die Gräber schmücken sollten, solange es Zeit ist: die Gräber unserer Großeltern und Eltern, aller unserer näheren Verwandten, aller unserer – *Holt Atem.*
GENERAL	Daran dachtest du?
GENERALIN	Ja. Und nicht nur daran. *Lächelt schelmisch* Ich dachte auch daran, möglichst jetzt schon unsere eigenen Gräber zu schmücken!
GENERAL	Ja?
GENERALIN	Ja, Lieber.
GENERAL	Zu diesem Zweck müßten wir darin liegen.
GENERALIN	Wir müßten es nicht gerade. Wir müßten es nur innerhalb von – *Sieht wieder fragend zur Blumenfrau hinüber.*
BLUMENFRAU	Drei Wochen.

GENERALIN	Ganz recht. Von drei Wochen.
BLUMENFRAU	Aber jeder Tag früher ist besser.
GENERAL	Das leuchtet mir ein.
GENERALIN	Natürlich. Was denkst du, ob wir nicht bereits in vierzehn Tagen alles –
GENERAL	Alles?
GENERALIN	Nun eben –
GENERAL	Weshalb nicht schon in acht Tagen? Oder besser noch in drei Tagen? Oder am besten heute, heute noch vor dem Mittag, noch ehe alle Kirchgänger nach Hause kommen?
GENERALIN	Liebster!
BLUMENFRAU	*bescheiden* Die Herrschaften schräg gegenüber haben chinesische Blattpflanzen bestellt. Und die weiter hinüber zur Kirche Tulpen.
GENERALIN	Tulpen!
GENERAL	Wären auch eine Idee.
GENERALIN	Aber weiße Chrysanthemen sind besser. *Ängstlich zur Blumenfrau* Oder?
BLUMENFRAU	Sie habens in sich.
GENERALIN	*begeistert* Hörst du?
BLUMENFRAU	Sie leuchten auch noch, wenn alles andere matter wird.
GENERALIN	Für Frische wird gesorgt?
BLUMENFRAU	Ja. Aber die Blumen müssen bald hinausgebracht werden, damit sie feucht bleiben.
GENERALIN	Wir fahren gleich!
BLUMENFRAU	Möglichst drei Tage vor dem Begräbnis.

GENERAL	Da sterben wir gerade.
BLUMENFRAU	Dann eben einen halben Tag früher.
GENERALIN	Wie machen es die anderen?
BLUMENFRAU	Die meisten Herrschaften nehmen ein Taxi direkt hinaus. Manche fahren auch mit dem Autobus und steigen auf die Straßenbahn um, aber die wenigsten –
GENERALIN	Lieber, wir fahren gleich! Es ist Sonntag, und ich habe Sorge, daß die wenigen Taxis in der Umgebung alle schon vergeben sind.
GENERAL	*ruhig* Gleich?
GENERALIN	Ja, gleich. Wir essen spät zu Mittag, ordnen dann unsere Sachen –
GENERAL	Und sterben gegen sechs?
GENERALIN	So dachte ich mirs.
GENERAL	Wenn ich es recht verstand, will unsere Gasse wegen dieses Stichtags für Blumenschmuck aus dem Leben scheiden?
BLUMENFRAU	Einige Herrschaften haben sich schon entschlossen, wenn auch beileibe nicht alle.
GENERAL	Das wundert mich.
GENERALIN	Mich auch.
BLUMENFRAU	Die schönsten Gräber werden prämiiert.
GENERAL	Das ist mir bereits klar.
GENERALIN	Welche Familien haben sich denn schon entschlossen?
BLUMENFRAU	Die Namen darf ich nicht nennen.
GENERALIN	Hörst du? Am besten, wir entschließen uns gleich! Wenn wir noch zögern, kommen uns alle andern zuvor.

GENERAL	Ja. Dann kommen sie uns zuvor.
GENERALIN	*eifrig* Es liegt an uns, Alfred.
GENERAL	Noch eine Frage.
BLUMENFRAU	Eine Frage?
GENERAL	Sie betrifft die Bewölkung über den Friedhöfen.
BLUMENFRAU	*die blässer geworden ist* Die Bewölkung über den Friedhöfen?
GENERAL	Ich meine: an dem Stichtag für Blumenschmuck, an diesem Tag nach unserem Tod. *Ohne sie zu Wort kommen zu lassen* Wird sie resedenfarbig, rosig oder blaßgrün sein?
BLUMENFRAU	Resedenfarbig, rosig oder blaßgrün?
GENERAL	*schärfer* Ich frage: Wie wird der Himmel sein? Feucht, blaugrau, ähnlich dem Straßenpflaster in der Dämmerung oder den Federn der Tauben, die morgens auf dem Kirchplatz kurz aufsteigen?
BLUMENFRAU	Ähnlich dem Straßenpflaster in der Dämmerung oder den Federn der Tauben?
GENERAL	*tritt auf sie zu* Ich frage. Und ich sage dir: Du weißt es. Rot wird er sein, der Himmel, zerfetzt und kochend!
BLUMENFRAU	Ich weiß nichts, ich kann nichts sagen, ich –
GENERAL	Hebt euch jetzt hinweg! *Blumen und Blumenfrau sind verschwunden, zwei helle, etwas rötliche Flecken sind von der Sonne auf dem Parkett.*

GENERALIN	*zum General* Wohin gehst du?
GENERAL	Die Kohlen bestellen. Anschließend will ich noch die Tauben auf dem Kirchplatz füttern.

Chrigina

MRS. WRAY	St. Peter? *Nach einer Weile* Keine Antwort. Es riecht hier nach Glas und Verwüstung, ich muß das Schild besser anbringen. *Sie geht schlurfend hinunter, innehaltend wieder* St. Peter? Nichts! Auch kein Hammer auf dem Brett, man muß die Fäuste suchen. *Man hört sie hämmern und dann zurückkommen.* Wo er sich wieder herumtreibt? Auf den Rüsseln, den Kanal entlang, die Schule wird eingehen. Unsere kleine liebe Schule, wo Chrigina glücklich war. Schade drum.
ST. PETER	Mrs. Wray!
MRS. WRAY	Ja?
ST. PETER	Ich bin hier. *Als Mrs. Wray schweigt* Ich war gar nicht fort. Ich hatte zwar vor, wegzugehen –
MRS. WRAY	*bissig* Wann hatten Sie das nicht.
ST. PETER	Und einen Besuch am Hafen zu machen, in einer Pflegestätte für Matrosen kleinerer Schiffe, Liliputkrankenhaus heißt es. Ich wollte dort schon lange einmal hin.
MRS. WRAY	Ich kenne Sie.
ST. PETER	Sie kennen mich gut. Wer wüßte besser als Sie, wie satt ich die Parkgänge habe, wie mein rostiger Bart mich quält, aber ich lasse ihn. Und sonst das Ganze.
MRS. WRAY	Ja.
ST. PETER	*einschmeichelnd, von Schwäche gepeinigt*

	Ich sehe, daß Sie einen Strick an der Klinke angebracht haben.
MRS. WRAY	Damit sie leichter zu öffnen ist.
ST. PETER	Wer denn?
MRS. WRAY	Die Tür, mein Lieber.
CHRIGINAS VATER	*von draußen* Chrigina!
MRS. WRAY	Da hören Sie es wieder!
ST. PETER	Aber nur einmal.
MRS. WRAY	Weiß Gott, wo die Kleine ist.
ST. PETER	Ja, man kommt leicht unter die Latten. Und solche Kinder haben unausdenkbare Verstecke. Zwischen den Pflastersteinen, es gibt auch Magazine für Klavierstühle, Orgelpfeifen, die königliche Akademie – höre, sagt Chrigina, ich verwandle mich in einen Hahn oder in sonst etwas, ich warte, bis mein Vater zu suchen aufhört. Das wäre das eine. Oder sie sagt nichts.
MRS. WRAY	Hören Sie auf!
ST. PETER	*summt vor sich hin:* Ich bin ein armer Krieger, ich sah den Rattenkönig und hab ihm zugesehen von meinen grünen Kissen.
MRS. WRAY	Aufhören!
ST. PETER	Ja.
MRS. WRAY	Sie kennen keine Grenzen.
ST. PETER	*bekümmert* Keine Helligkeit. Ein mattes Licht gegen die Steine. Es bauscht sich in den Zimmern und dann ist es dahin.
MRS. WRAY	Ich fände mich schon wieder.

ST. PETER	*zerstreut* So? Ja, gewiß.
MRS. WRAY	Wer die Lust dazu hat.
ST. PETER	Grau oder braun, zerschlissen. Unter die Welt gebettet. Und immer mit der Lust.
MRS. WRAY	*scharf* Für die Eröffnung von Schulen nicht ungünstig.
ST. PETER	*entschlossen wie einer, der sagt »ich gehe«* Ich bleibe jetzt.
MRS. WRAY	Ich sorge mich um Ihre Entschlüsse. Ich brächte jeden einzelnen lieber entfernt von Ihnen unter, zart wie sie sind.
ST. PETER	Umfriedet.
MRS. WRAY	Mit etwas grünlicher Luft, um heranzuwachsen. Bessere Farben, ein Denkmal zu Pferde, Leonidas.
ST. PETER	Nymphen?
MRS. WRAY	Nur wenige.
ST. PETER	Adieu, meine Liebe!
MRS. WRAY	Wer jetzt gehen könnte! Fort von Chriginas Vater und seinem alten Ruf. In eine Gegend, in der das alles wenig meint.
ST. PETER	In eine prächtige Gegend.
MRS. WRAY	Ja. Und fort aus diesem Stiegenhaus. Hier bauscht es sich wirklich.
ST. PETER	Wir könnten beide gehen.
MRS. WRAY	Aber keiner von uns. Ich glaube übrigens, daß er nur Brot holen wollte.
ST. PETER	Mit dem Schrei auf den Lippen?
MRS. WRAY	Wie immer. Er wird sie wieder anmelden, er wird eines Tages wiederkommen und er wird sagen: »Ich möchte meine Tochter

	unter Ihre Aufsicht geben!« Und ich werde erwidern: »Aber gewiß, Herr, Herr – –«, wie heißt er nur?
ST. PETER	*lacht.*
MRS. WRAY	Er wird seinen schäbigen Zylinder vor mir ziehen.
ST. PETER	*setzt noch einmal zum Lachen an, beginnt zu husten.*
MRS. WRAY	Und ich werde sie die Treppen hinauf-führen und ihr beim offenen Fenster die Handarbeiten wieder beibringen, die verschiedenen Muster, Stiche – *sie seufzt,* wie gut das alles tut.
ST. PETER	*der sich wieder beruhigt hat, gelassen* Er heißt Herr Taube.
MRS. WRAY	*erleichtert* Ganz richtig: Chrigina Taube.
ST. PETER	Eine zarte Schülerin.
MRS. WRAY	Leicht zu kräftigen.
ST. PETER	Und mit einem Stoß wieder in die Welt zu bringen.
MRS. WRAY	Mit einem schnellen Schub.
ST. PETER	Ihre Schübe, Mrs. Wray!
MRS. WRAY	Seit langem berühmt. Von verschiedenen Instanzen gewürdigt, in Speisesälen verlesen.
ST. PETER	Ein Junge knackte dazwischen seine letzte Nuß mit dem Absatz auf.
MRS. WRAY	*empört* Sie –
ST. PETER	Ich fand es ungehörig.
MRS. WRAY	Aber mehr nicht.
ST. PETER	Ich habe lange genug Ihre Ordnungen

	geteilt, Mrs. Wray, viele Sorgen hatten wir gleichzeitig. Die Proportionen im Bauwesen, Fragen des Dammbaues, des Schiffsmodellbaues –
MRS. WRAY	*wegwerfend* Studienpläne, Stunden-einteilungen! *Ihn nachäffend* Wer fegt heute die untere Treppe, meine Liebe?
ST. PETER	*erschöpft* Ich bin immer wieder in Ihren Domen zur Welt gekommen.
MRS. WRAY	Zwischen Kandelabern, die man rasch herbeiholte. Und dabei blieb es. Sie hatten es nicht einmal nötig. Ist Ihnen unser Streit über das verstreute Konfetti gegen-wärtig?
ST. PETER	Ja.
MRS. WRAY	Und vieles andere.
ST. PETER	Alles und immer.
MRS. WRAY	Ein Glück, daß man Ihnen Töchter nicht mehr anvertraut. In Ihren vier Wänden da oben.
ST. PETER	Es sind nicht vier. Die erste ist nur gemalt und die dritte –
MRS. WRAY	Aber Möglichkeiten für Verstecke, ah – *sie lacht exaltiert* – reichlich!
CHRIGINAS VATER	*von draußen* Chrigina!
ST. PETER	Der Wind geht deutlich. Und mit Ihnen im Bunde.
CHRIGINAS VATER	*stützt die Arme auf das einzige Flur-fenster* Hat jemand meine Tochter gesehen?
MRS. WRAY	*ohne ihn zu beachten* Wenn ich denke,

	was alles sein könnte! *Sie schlägt die Hände vor die Augen, beginnt plötzlich zu weinen* Steinplatten, wilde Dochte –
ST. PETER	*räuspert sich* Mrs. Wray!
MRS. WRAY	Und das ewige Glück! Ein verschwommenes Gefährt, die Straße herunter!
CHRIGINAS VATER	Ich nehme jede Auskunft entgegen, unverbindlich. Ich war auch schon bei den Zollschiffen.
MRS. WRAY	Das hätten Sie lassen sollen.
ST. PETER	Nichts in den Listen?
CHRIGINAS VATER	Die Listen waren durchtränkt. Von unten her, wissen Sie.
MRS. WRAY	*wieder ausbrechend* Ihre Tochter hat bei uns den Kreuzstich erlernt!
ST. PETER	Nur bei Ihnen, Mrs. Wray.
MRS. WRAY	Sie hatte ihre Ordnung, sie war geborgen. An den Nachmittagen holte sie Brot und Äpfel aus dem Korb.
ST. PETER	Was hätte sie sonst sollen?
CHRIGINAS VATER	Ich habe mir lange genug den Kopf darüber zerbrochen.
ST. PETER	Es blieb ihr nichts übrig, mein Lieber.
CHRIGINAS VATER	Mein Trost, eine schwache Zeichnung, die tibetischen Hügel. Ganz vorne bückt sich ein Kutscher zu seinem Faß, dahinter sind mit etwas Rötel die Stunden angedeutet.
ST. PETER	*lebhaft* Ganz recht!
MRS. WRAY	Und das ist alles, bei Ihnen?
CHRIGINAS VATER	Bei mir nicht.

MRS. WRAY	Sie bringen es immer wieder fertig, einen auf Orte hinzulenken, an denen sich nichts abspielt. Zuletzt haben Sie sichs selbst zuzuschreiben –
CHRIGINAS VATER	*inständig* Ja, ja! Das möchte ich!
MRS. WRAY	*wütend* Das möchte er, darauf läuft es hinaus. Das wird zuletzt seine einzige Sorge sein! Man hätte sie Ihnen nie wieder überlassen dürfen.
ST. PETER	Keinem von uns.
MRS. WRAY	Sehr wahr.
ST. PETER	Ich wollte nur noch auf das Moos in den Höfen der Missionsanstalten hinweisen. Sie sind oft mit viereckigen Steinen gepflastert, erhaben, und dazwischen wächst Moos. Kein Staub, keine Nußschalen –
MRS. WRAY	Das bringt mich darauf! *Sie beginnt den Staub nach hinten zu kehren.*
ST. PETER	Aber auch keine Kerne.
CHRIGINAS VATER	Manchmal wollte sie Birnen. Vater, gib mir Birnen! Was sie alles wollte.
MRS. WRAY	Nicht zu verwundern.
ST. PETER	Ich würde an Ihrer Stelle –
CHRIGINAS VATER	*begierig* Ja?
ST. PETER	Ein Gesuch aufsetzen.
CHRIGINAS VATER	Ein Gesuch? *Er entfernt sich vorsichtig, während St. Peter weiter überlegt.*
ST. PETER	Noch einmal zu den Schiffen, die Schimmel, Lagerpferde, es gibt da noch einige, die Funkenstiege und die ganze

üble Gegend da unten – *er sieht auf,*
bemerkt das leere Fenster – aber an unse-
rer Anstalt liegt es nicht und Sie können
sicher sein – wir haben alles getan –
streift das Haar zurück, stürzt aus dem
Haus.

ST. PETER　　　*aus der Ferne* Herr Taube, Herr Taube!

MRS. WRAY　　*nachäffend* Chrigina und Herr Taube,
Herr Taube und Chrigina! Das können
sie. *Sie stellt den Besen hin, so daß man es*
hört Unser liebes altes Haus in Verruf
bringen. Und mehr können sie nicht. *Man*
sieht und hört nichts mehr von Mrs. Wray.

Fürsorge

FÜRSORGERIN	*in einem dunklen Raum, schreibend an einem Tisch, hebt den Kopf, als sie die Tür gehen hört* Da bist du, Johanna!
JOHANNA	*jung, etwas schattenhaft, bleibt in der Tür lehnen* Ja.
FÜRSORGERIN	Ist alles gut gegangen?
JOHANNA	Ganz gut.
FÜRSORGERIN	*etwas ungeduldig* Setz dich doch, Kind, ich bin dann gleich so weit.
JOHANNA	*setzt sich rasch auf einen Stuhl nahe der Tür.*
FÜRSORGERIN	Schlechtes Wetter, nicht?
JOHANNA	Es regnet immer noch. *Verändert, hastig* Ich habe die Schuhe alle abgegeben.
FÜRSORGERIN	Und richtig? Die guten Wünsche dazu und meine Grüße?
JOHANNA	Ja. *Während die Fürsorgerin weiterschreibt* Wo niemand da war, habe ich sie zu den Nachbarn gestellt. Manche waren gerade beim Packen, da kam es noch zurecht.
FÜRSORGERIN	Gut, gut.
JOHANNA	Ein Kleiner war im Hallenbad, da habe ich die Schuhe seiner Mutter gegeben. Und zwei Kinder waren allein zu Haus.
FÜRSORGERIN	Freuten sie sich?
JOHANNA	Ja. Sie sagten, sie brauchten gerade solche Schuhe für ihr Spiel. Turmspiel, so hieß es. Kennen Sie das?
FÜRSORGERIN	Nein.
JOHANNA	Hänsel, lieber Hänsel, sang die Kleine.

FÜRSORGERIN	*lacht* Das werden Hänsel und Gretel sein, die du gefunden hast.
JOHANNA	Der Kleine hieß Joseph. Im Flur standen Pakete, daß man kaum durchkam, aber die gehörten ihnen nicht.
FÜRSORGERIN	Ich kenne das Haus. *Weiterschreibend* Und hast du überall dazu gesagt, daß die Schuhe vielleicht nicht passen? Zu eng oder zu groß oder was immer?
JOHANNA	Ich habe alles gesagt. Und dann über die Brücke –
FÜRSORGERIN	*zerstreut* Ja?
JOHANNA	Da war es windig, fast Sturm. Bei der Kirche lief mir die Blonde in die Arme, ich habe den Namen vergessen.
FÜRSORGERIN	Gertrud.
JOHANNA	Ja, so hieß sie, mit den Zöpfen. Sie tat, als ob sie sich freute. Der gab ich die Schuhe auch.
FÜRSORGERIN	Wohnt gleich daneben.
JOHANNA	Und der Fischhändlerin für den Enkel.
FÜRSORGERIN	Hoffentlich der richtigen, sowie ichs dir sagte.
JOHANNA	Drüben war es still, wenig Kaffeehäuser. Nur der Sturm hat mir fast die Schachteln aus der Hand gerissen und das Packpapier fort.
FÜRSORGERIN	*hebt den Kopf* Uns reißt es auch bald das Dach über dem Kopf weg, aber das soll uns nicht schaden, nicht wahr?
JOHANNA	Nein.

FÜRSORGERIN	Nicht hindern, das zu tun, wonach uns ist, nicht wahr? *Weiterschreibend* Ich gebe dir auch nachher wieder Schuhe mit.
JOHANNA	*zögernd* Ich glaube, daß die Leute jetzt genug Schuhe haben. Sie freuen sich nicht mehr damit.
FÜRSORGERIN	Nicht?
JOHANNA	Wenn sie gefüllt wären, dann wäre es noch anders. Aber gefüllt sind sie nicht.
FÜRSORGERIN	Es kann auch nicht alles sein.
JOHANNA	*rasch* Sie stellen sich nur so, als freuten sie sich. Aber sie wissen nicht, wohin damit und wie sie sie einpacken sollen.
FÜRSORGERIN	*wegwerfend* Die meisten sind leicht: Filzschuhe oder Sommersandalen, Opanken für die Hitze und die durchbrochenen für den Übergang. Das ist alles leicht zu verpacken, das läßt sich obenhin stecken. Freilich, wenn jemand nicht will –
JOHANNA	Man kann auch von Schuhen genug haben. Es kann so werden, daß einem der Ekel kommt, wenn man Schuhe sieht.
FÜRSORGERIN	Wenn es einem zu gut geht.
JOHANNA	*sie nicht beachtend* Man kann zum Beispiel Lust auf Bischofsmützen bekommen, weiß und gold und in die Stiegenhäuser geschichtet. Wenn man daranstößt, so schwanken sie, aber sie fallen nicht um. Berge von Bischofsmützen!
FÜRSORGERIN	Danach ist dir nicht ernstlich ums Herz.

JOHANNA	*schweigt wieder.*
FÜRSORGERIN	Und anstatt, daß sie froh sind, daß überhaupt jemand noch –
JOHANNA	Die sind nicht so leicht froh.
FÜRSORGERIN	*seufzend* Das ist es.
JOHANNA	*als sie weiterschreibt* Soll ich jetzt wieder gehen?
FÜRSORGERIN	Ich weiß es nicht, Johanna. *Als sie den Stuhl rücken hört* Nein, bleib noch! Gönn mir zuerst noch Ruhe und laß mich fertigschreiben! Wir reden dann weiter von den Schuhen.
JOHANNA	Oder man bekommt Lust auf Eisbuden, die auf die Flüsse gestellt sind, ich meine: Buden mit Feuer auf dem blanken Eis, die sich verschieben lassen.
FÜRSORGERIN	Hör auf mit deinen Lüsten!
JOHANNA	*streng* Ich rede nicht von mir.
FÜRSORGERIN	Nicht von dir?
JOHANNA	Nein, von mir rede ich nicht. Ich wüßte mir noch ganz andere Sachen.
FÜRSORGERIN	So würde ich nicht reden bei diesen Zeiten.
JOHANNA	Und an meiner Stelle.
FÜRSORGERIN	Was sagst du?
JOHANNA	Wenn ich an meiner Stelle wäre.
FÜRSORGERIN	*hebt aufmerksam den Kopf* Solltest du nicht erst später kommen, Johanna?
JOHANNA	Viel später nicht.
FÜRSORGERIN	Um mich bei meinen Schreibarbeiten nicht zu stören.

JOHANNA	*neugierig* Sind das die Rechnungen für die Bischofsmützen?
FÜRSORGERIN	Wer redet von Bischofsmützen? Bischofsmützen und Eisbuden, das sind für mich weit entfernt liegende Dinge.
JOHANNA	Aber Rechnungen sind es.
FÜRSORGERIN	Ich habe wichtigeres zu bedenken: die Besuche in den Krankenhäusern. Einen Fliederstrauß für die alte Frau X. Die Rettung eines Kindes.
JOHANNA	Das auch.
FÜRSORGERIN	Denn es gibt eine große Anzahl von bedrohten Kindern.
JOHANNA	Und jedem kann man nicht helfen.
FÜRSORGERIN	Aber doch da und dort. Man geht hin und erkundigt sich, man borgt ihnen Bücher. Die Leute haben keine Ahnung, welche Macht in den Büchern steckt.
JOHANNA	Das ist wahr. Ich habe einmal eins von Eisstößen und Salzknechten gelesen. Das half mir lang.
FÜRSORGERIN	Du hast auch keine Ahnung. Manche hausen in Kellerluken oder oben zwischen den Dachsparren. Im Winter ist es dort eisig und im Sommer heiß.
JOHANNA	*ruhig* Da geht es mir noch gut.
FÜRSORGERIN	Wenn du es nur einsiehst.
JOHANNA	Ich kann hier aus- und eingehen und Sie sagen zu mir: »Setz dich doch, Kind!«
FÜRSORGERIN	*lacht*
JOHANNA	Aber manches erfahre ich doch nicht.

FÜRSORGERIN	Nein.
JOHANNA	*die näher gekommen ist* Wofür sind die Rechnungen hier?
FÜRSORGERIN	*unwillig* Weshalb sollen es denn Rechnungen sein?
JOHANNA	Das sieht wie Zahlen aus.
FÜRSORGERIN	*gereizt* Ich bitte dich, geh jetzt an die Luft, Kind! Unterhalte dich mit dem Pförtner –
JOHANNA	Der ist einkaufen gegangen, mit der großen Tasche. Ich sah ihn vorhin.
FÜRSORGERIN	Oder mit wem immer. Sieh nach, ob du die Katze findest und hole sie herein.
JOHANNA	*traurig* Ja.
FÜRSORGERIN	Zähle von mir aus die Pfosten am Stiegengeländer, nur störe mich jetzt hier nicht.
JOHANNA	Ich gehe gleich. Aber wenn Sie mir dann sagen, was Sie hier schreiben?
FÜRSORGERIN	Das bin ich dir nicht schuldig.
JOHANNA	Ich meine: nur ob es Zahlen sind oder etwas anderes?
FÜRSORGERIN	*ist aufgesprungen und stampft mit dem Fuß auf* Geh jetzt!
JOHANNA	Oder nur Namen, die Zahlen ähnlich sind, die gibt es auch. Man schreibt fünf oder sechs Namen in eine kurze Reihe *lacht ängstlich* und es sieht schon aus, als zählte man sie alle zusammen.
FÜRSORGERIN	*etwas ruhiger* Geh, geh!

Inhalt